JOSE [illegible] GHI

Pintor [illegible] ca

Proyecto editorial
Luis Alberto Carreras Vescio
Teresa Nachman
Fabiola Baliña de Carreras Vescio

Coordinación editorial
María Torres

Diseño gráfico
Juan Cavallero

Investigación y cronología
Mariana Marchesi

Fotografía
Gustavo Sosa Pinilla

Asistencia
Mariano Javier Cinna
Adriana Pagliaroli

Fotocromía e impresión
Artes Gráficas Ronor

w www.asuntoimpreso.com
e ediciones@asuntoimpreso.com
t (54-11) 4 383-6262
f (54-11) 4 383-5152
d Pasaje Rivarola 169
(1015) Buenos Aires
Argentina

ISBN 987-20186-5-0
Impreso en la Argentina
Mayo de 2003

Queda hecho el depósito que establece la ley 11.723

JOSE LUIS MENGHI
Pintor de La Boca

Ensayo crítico
María Teresa Constantín

Prólogo
Orlando Barone

ASUNTOIMPRESO

José Luis Menghi

El largo viaje desde el barrio al Universo

Orlando Barone

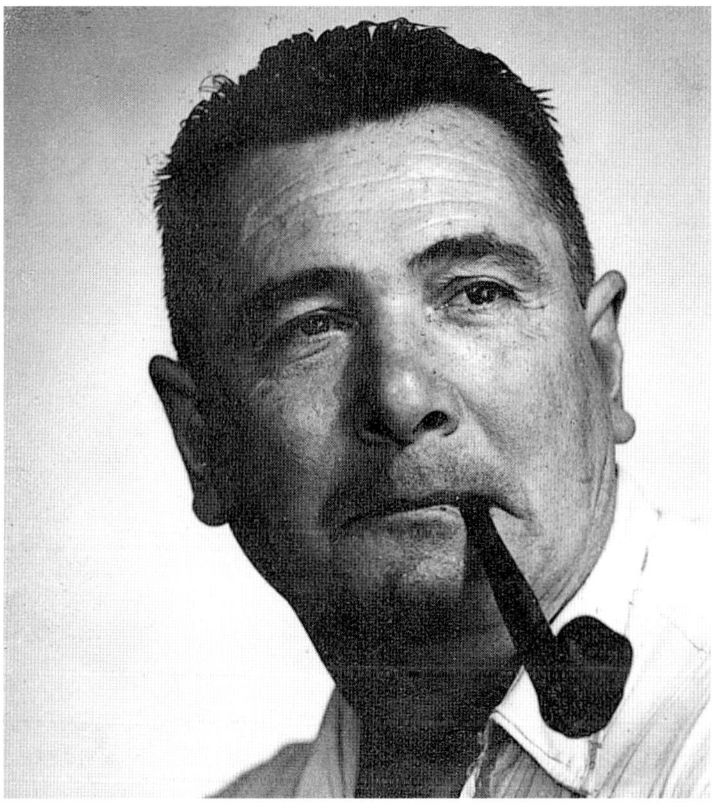

A ambos lados de nuestra cama, sobre la pared del respaldo, hay colgados dos cuadros de José Luis Menghi. Desde hace años esas naturalezas muertas-vivas, esas pinturas diáfanas de colores rosas y lilas, celestes y azules, esas flores y ventanas de trazo inocente, inspiración angélica y residencia terrestre, forman parte de nuestra vida naturalmente. De la de mi mujer y la mía. No presionan por estar allí, no pugnan por arrebatarnos permanentemente la mirada. Ni presumen ni se arrogan ser más que cualesquiera de las cosas significantes o insignificantes de ese cuarto y de sus azares anímicos. Pero entre vaivenes cotidianos, renovaciones de decoración y de pintura, ambos cuadros siguen allí por años, como si por detrás, en la pared, hubieran echado raíces. O todavía más: como si no estuvieran colgados sino ligados o insertos, y se hubieran estado apoderando del espacio no por costumbre sino por determinación biológica. Otras obras de la casa han ido cambiando de lugar por capricho visual y estrategia ambulatoria, que así permite contemplarlas desde distintas perspectivas y reactualizar nuestra visión sobre ellas. Pero no sabría responderme a la pregunta de por qué esos dos cuadros de Menghi fueron escogidos para nuestra intimidad. Con sensiblero oportunismo podría especular con la coincidencia de que él como yo, aunque separados por décadas, nacimos y vivimos en sendas calles del barrio

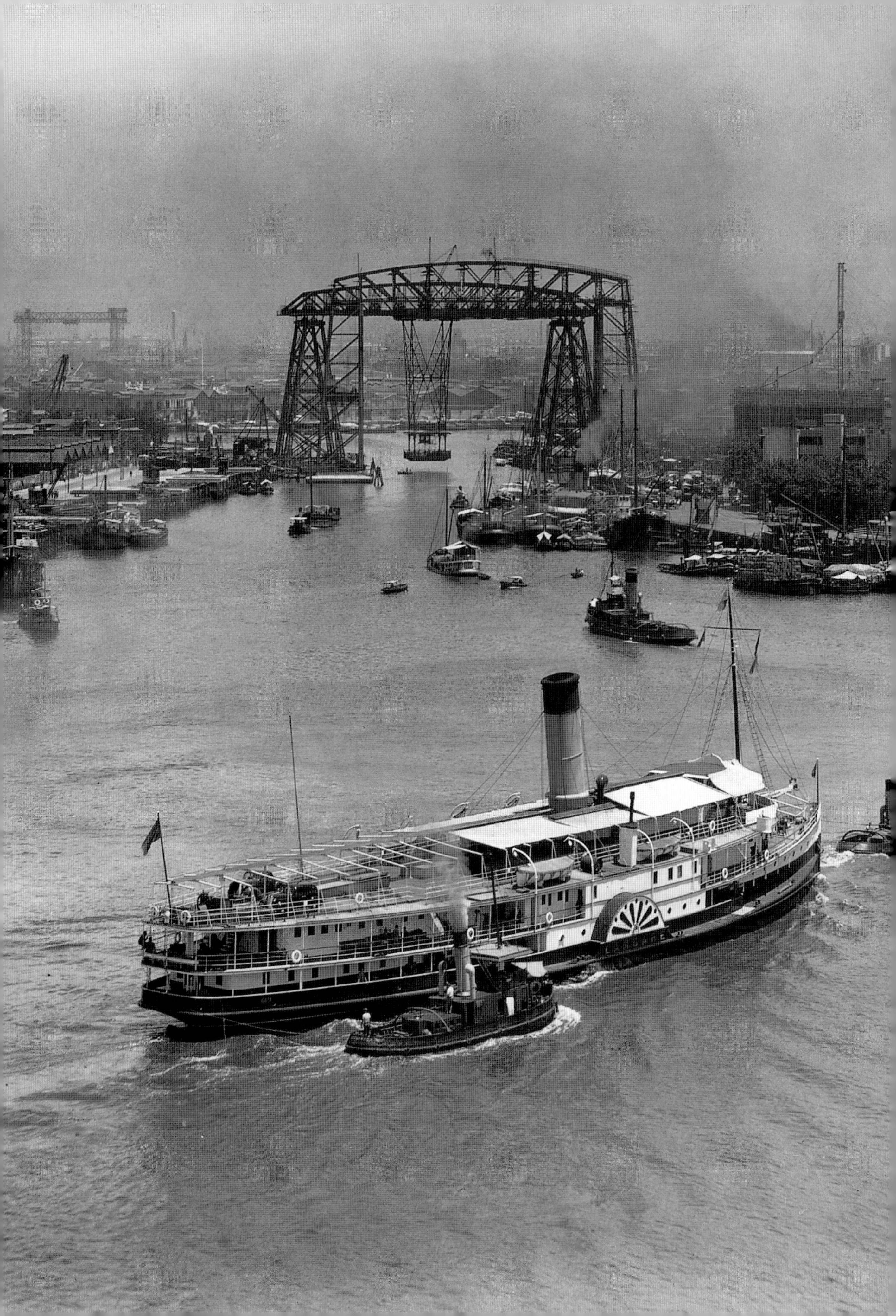

–la de él Hernandarias, la mía Villafañe– que caen o mueren en el agua. La de La Boca del Riachuelo. Que no es poca cosa si se lo mide en simbolismo: boca de entrada y de salida. De bienvenidas y de adioses. Una doble y ya resignada utopía de venir a hacer la América y volver alguna vez al origen con la esperanza cumplida. O la de especular que La Boca es un mutuo destino de aglutinación genética e histórica menos real a "su realidad" que a la fantasía mítica y nostálgica de sus adoradores y de sus contempladores turísticos. Pero no me convence esa coincidencia ancestral italiana, ni tampoco la geográfica, con Menghi. Y me sigo preguntando ¿por qué esos dos entre los más de treinta cuadros que viven con nosotros? ¿Por qué ese pintor y no cualquiera de otros grandes que comparten mi casa y a los cuales admiro? Y sobre todo siendo algunos de ellos cercanos y entrañables. Una circunstancia es cierta: todos esos artistas que participan, desde sus obras y desde el living o del hall de la casa, del fluir social de los visitantes están allí para lucirse y ser reconocidos. Más acostumbrado al retiro del barrio, José Luis Menghi se encoge en esa intimidad de la alcoba –el dormitorio–, comparte esa frontera de la pareja humana adonde eventualmente acceden las personas de confianza y con las cuales no se tienen reservas. Hay en su pintura una fidelidad afectiva, un clima de abrazo generoso. De complicidad fresca y de ternura abarcadora, indiscriminada. Curiosamente, los dos cuadros cuelgan a la cabeza de las cabezas de quienes allí duermen. Son sueños que de noche se reactivan a través de otros sueños.

Es paradójico –pienso– que en medio de aquel escenario promiscuo, pobre y vocinglero de La Boca de principios del siglo pasado, Menghi haya pintado tan en silencio y tan limpio. ¿Dónde ponía el hollín? ¿En qué parte del taller de su imaginación toda esa atmósfera de sudor, resaca y gasoil se sublimaba haciéndose poética? Resulta paradójico que de aquel varón de apariencia ruda surgiera esa estética fina y cálida.

Un hombre de oficio de tradición familiar de herreros, que mantenía un ideario de reivindicación proletaria y de reconocimiento de la diversidad social y que, por alguna misteriosa actividad creativa, se transforma y se asume en su pintura con la delicadeza, la picardía y la ilusión de un niño. Pero no un niño dulcificado por el confort y la educación mundana o de competencia intelectual y social, sino fisgón. Y que se anima a asomarse con hambrienta curiosidad desde el suburbio, que produce siempre más exclusión que inclusión. Pudo incluirse. Aunque sin la fortuna crítica que ungiera a otros pintores de La Boca. Pienso en Victorica, Lacámera y sobre todo en Quinquela, consagrados por el aplauso del centro. Del lugar donde se aprueba o se rechaza, se concede o se desdeña. Y sin gozar tampoco de la popularidad y trascendencia de quienes los sucedieron en el barrio después, como vecinos ilustres de residencias más o menos episódicas: Leopoldo Presas, Rómulo Macció y Pérez Celis.

En épocas donde la sociedad mediática, sin complejo de culpa, suele emitir un juicio plástico más definitivo que el juicio de los justos, y donde el marketing y el packaging disimulan el buen sinceramiento del contenido artístico, Menghi podría verse como un amateur modesto y mortalmente vulnerable a la preeminencia prepotente de las modas, los ismos y las movidas de interés de subasta. Un pintor casi aldeano o barrial, contenido por la misma atracción de su hábitat antiglobal, fiel a sus códigos de origen y escasamente lábil para ser influido por caprichos o fatuidades innovadoras no siempre fundadas y mayormente efímeras. Entre tamaña línea de contención, su pintura se libera autoimponiéndose una salida en la cual la libertad no violenta su necesidad de ser sino que la sugiere espontáneamente.

En su diálogo con Sabato hacia 1975, Borges recuerda una polémica entre Belloc y Wells. Aquél había dicho del otro que era un inglés provinciano. Y éste le respondió: "¿Mr. Belloc nació sobre toda Europa, no?". En el mismo diálogo, Borges desliza esta ironía: "Todos somos poeta de barrio". Y Sabato concluye: "Sí, de este dilatado barrio que es la Tierra".

Hay poetas barrocos, poetas herméticos, poetas filosóficos, poetas malditos y poetas místicos. Poetas realistas y surrealistas, épicos o íntimos, grandes y pequeños, oscuros o traslúcidos. Y hay pintores pequeños grandes: medida adecuada para definir a una clase de artistas que se deslizan sin detenerse entre la cronología, las escuelas, las ubicaciones y tribunales de la plástica. Y que en ese deslizamiento, mientras quién sabe tardan en encontrar su lugar con fundamento, pueden dejar abochornada por el error a la crítica que no logra capturarlos, porque son huidizos al desdén, al escalafón y al prejuicio.

La pintura de Menghi es la poesía de un ruiseñor enjaulado: de un pájaro cautivo y sin

embargo dichoso. Canta, pero con un gorjeo tenue, no de mayor volumen que el siseo del viento entre las hojas de los árboles.
Podía tal vez el ruiseñor, el artista, haber nacido y haberse criado en otro sitio. Es un supuesto ya irrealizable e imposible. Y no sería él: sería otro.
La Boca de aquel tiempo no era una casualidad en la vida de nadie. El Riachuelo, de esta o de la otra ribera, incluyendo Avellaneda, pertenecía aún a la naturaleza. A la del agua, los peces, los barcos, la marinería y el trabajo. Todo eso ha desaparecido. ¿Cómo, también el agua y los peces? Sí, también. Lo que queda es un paisaje realista de óxido y de corrosión, de aceites y grasas indegradables. Un estereotipo agonizante, únicamente vivificado por la leyenda y el recuerdo de boca en boca de aquella Boca, cuando todavía era una totalidad, y mucho más que el equipo de fútbol que parece asumir hoy la única identidad real sobreviviente. Sin embargo, lo esencial –invisible ya a los ojos– son aquellos viejos fantasmas. Cierta vez alguien, con presuntuoso desdén de elite nacionalista, trató de descalificar a mi abuelo italiano diciéndole que los 'tanos' eran verduleros. Obvia referencia a un oficio común a tantos inmigrantes que vendían verduras en carritos y hablaban 'cocoliche' (lengua del extranjero pobre que para acriollarse mezclaba, con bastante propensión al ridículo, palabras de su idioma con las del nuestro). Mi abuelo, que no era verdulero ni sonso, le contestó al presuntuoso: "Usted parece olvidarse que lo que llama 'Tano verdulero' tiene detrás una historia, y en ella está nada menos que el Imperio Romano". "Sí, y también *Il Rinascimento*", podría haber agregado mi abuelo, que seguramente no había leído al Dante y ni siquiera hablaba la armoniosa lengua florentina sino sólo el dialecto del estrecho de Messina y sus alrededores.
Así disimulados ordinariamente, envasados en la misteriosa genética de individuos iletrados, de costumbres aldeanas y residencia promiscua, deben haber llegado a La Boca sin proponérselo Leonardo y Miguel Ángel. Y también Verdi y Caruso. No con la precisión académica ni la erudición de una elite cultivada, sino por la pulsión inercial de un pasado y del peso de una historia que los involucraba naturalmente más allá de sus propias y evidentes limitaciones culturales.
Uno de los pioneros del fenómeno pictórico de La Boca fue Alfredo Lazzari, a principios del 1900. Era un toscano de excepcional y fuerte formación plástica y humanística, maestro de Quinquela y de muchos otros. Se deduce, por la impronta paisajística descriptiva y sentimental que imprimían a sus primeras obras aquellos aspirantes a artistas, que se sentían inspirados e influidos por los *macchiaioli*, célebres maestros manchistas italianos. Hubo un antiguo cronista boquense –Carlos A. Foglia– que en el libro *El Riachuelo, inspirador de artistas* recoge los nombres de decenas de pintores y escultores del barrio. Una guía donde los apellidos de origen italiano son mayoría, y no pocos de ellos lo eran por nacimiento. Nombres no necesariamente inscriptos en ese arbitrario y casi siempre mutante e injusto Parnaso de la consagración o de la trascendencia, de la que en su mayoría no participaron. ¿Por qué ese territorio proclive a la inundación crónica, donde las aguas arrastraban por las calles una flotante procesión de animales muertos, excrementos y ropa recién lavada que el viento arrancaba de las sogas, estimuló esa fertilidad artística? ¿Por qué ese hacinamiento humano, casi con el estilo de un *ghetto* voluntario y poblado por gentes atravesadas por la fatalidad del desarraigo y de la quimera, logró reconocerse en esa plástica feliz de marca registrada?
Un humus se forma con diversos elementos orgánicos y con procesos biológicos no necesariamente planificados ni previsibles. Acaso se le pueda adjudicar alguna influencia al modo en que se construyeron artesanalmente las casas de La Boca, con tablones y restos de maderas sobrantes del ferrocarril o de a bordo. Conventillos de espontánea arquitectura de supervivencia; laberínticos y en planos altos para eludir el efecto de las crecientes. Sus colores intensos, inarmónicos, arbitrarios nacían de la necesidad: se pintaban las casas con sobrantes de las pinturas de los barcos. Un tarro de azul, medio de verde, un resto de ocre o de negro. Retirados con o sin permiso de un barco extranjero con stock de pinturería próspera. A veces alcanzaba para pintar una parte de la fachada, pero la otra quedaba a la espera de conseguirse otro color algún día. Otras veces los pintores caseros mezclaban dos o tres tonos sin saber qué resultado obtendrían de ese cóctel caprichoso. En La Boca había una idea más o menos divulgada de que un tipo de verde bastante iconoclasta e impuro se

llamaba "verde pobre". No había conventillo que no lo luciera como marca de fábrica en alguna de sus partes. Quinquela es quien legitima y consagra esta corriente instaurando el colorido hoy tradicional de muchas fachadas de la ribera. Él mismo se fue al cementerio dentro de un ataúd de colores. El barrio, en sí mismo, fue la primera tela donde empezó a funcionar la estética artística. El humus cultural se iba haciendo de retazos. De restos de madera, de pintura, de cultura y de recuerdos. La Boca es un retazo. Un cuadro más cerca de la mitología que de la contemporaneidad, que cada vez se le hace más arduamente mutante. Cada día la obliga a ceder terreno, literalmente. Pero aun si se desvaneciera o le pasaran la topadora por encima sería como una Pompeya remota y modesta, que lograría sobrevivir a sus ruinas en la posteridad de su arte.

Menghi, como tantos de sus compañeros de los talleres y los grupos de artistas, vivió aquella otra atmósfera real e irreal, cotidiana y fantástica con el énfasis que su espiritualidad le imprimía. Pintó como quien vive: como si alrededor fuese urdiendo su propio paisaje.

El paisaje de Menghi no nace de la belleza de una flor que él logre crear con más o menos maestría. Nace de algo que no está en los pétalos ni en el cáliz ni en el color de la flor. Tampoco en una ventana o una puerta chingada que dejan ver un barrio idílico.

Lo que nace de Menghi, es Menghi.

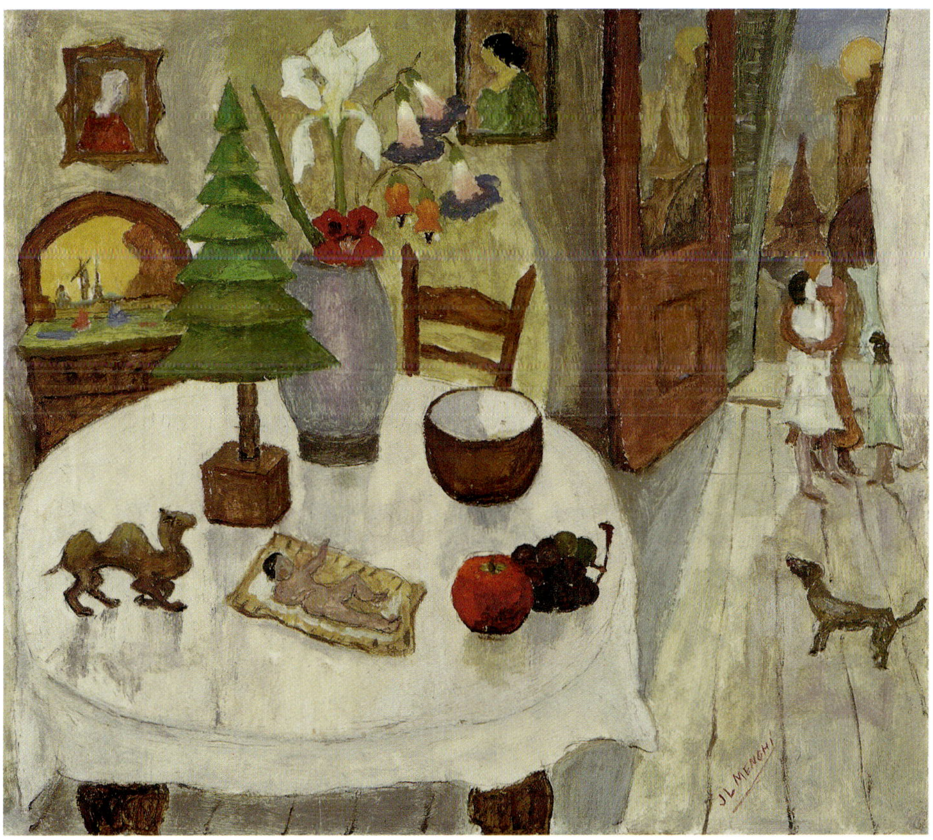

Navidad
óleo sobre papel
71 x 80 cm

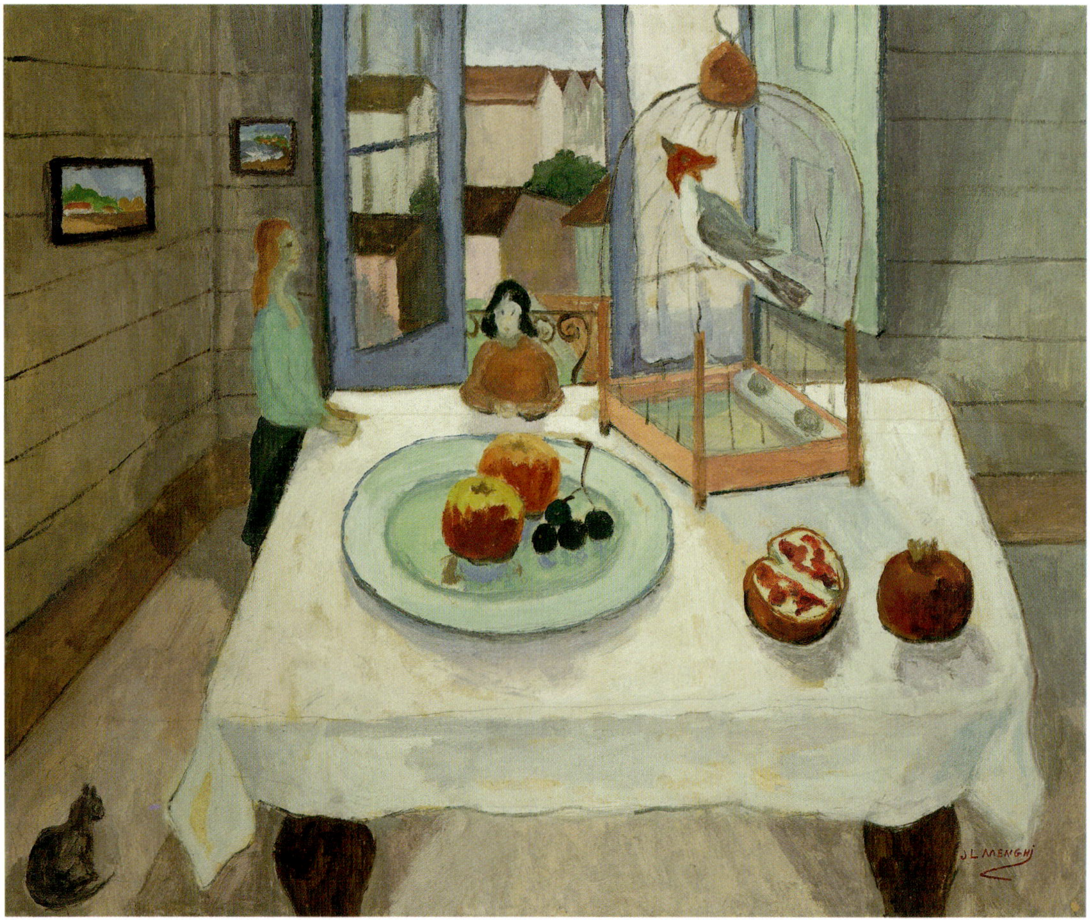

La jaula, 1980
óleo sobre papel sobre hardboard
74,6 × 90,7 cm

José Luis Menghi
Una vida en el tiempo

María Teresa Constantín

"No hay vida por ella sola, sino vida encarnada, transfigurada,
vidas que en el tiempo urdidas constituyen la historia,
y en la historia siempre está sucediendo algo."

Héctor Tizón

En 1981, en una entrevista concedida al diario *La Prensa*[1], José Luis Menghi rememoraba sus inicios en las artes visuales como "los tiempos cuando pintar era una locura". El artista se estaba refiriendo a la década del '20 y en realidad, para el Buenos Aires de esos años, la pintura no era ya ninguna locura.

La ciudad había consolidado sus espacios oficiales de consagración de obras de arte; entre ellos, un lugar preponderante correspondía al Salón Nacional, que desde 1911 se realizaba año tras año logrando concentrar las mayores expectativas de los artistas. En el ámbito privado, mientras se afirmaba un mercado centrado en las galerías del circuito de Florida, surgían asociaciones como *Amigos del Arte*, en 1924, que iba a ocupar luego un lugar de importancia en el debate de la modernidad artística. Por su parte, una crítica de arte especializada intervenía entre el público y las obras y daba cuenta de polémicas generadas alrededor del Museo Nacional de Bellas Artes, del Salón y las galerías, y de discusiones en torno de los lenguajes plásticos.[2]

Se trata entonces de una ciudad en la que las artes plásticas ocupan un lugar para nada desdeñable y donde, además, se registran debates de problemáticas que hablan ya de una madurez considerable.

Durante las décadas del '20 y del '30, a las que se refiere el artista, la ciudad está viviendo procesos de cambios profundos que darán como resultado la transformación del perfil urbano y, sobre todo, de la mentalidad de una población que asimilará de diversas y a veces de conflictivas maneras, la irrupción de la modernidad.

"Buenos Aires, ciudad moderna", "de cultura tensionada por lo nuevo", de "ese futuro que es hoy" del que habla Beatriz Sarlo[3] no es homogénea, y las palabras de Menghi conducen entonces a pensar cómo los habitantes de Buenos Aires vivieron, actuaron y registraron, de manera diferenciada, las transformaciones de su ciudad. Obligan a pensar que no es lo mismo militar la modernidad, como aquellos que hacen de la modernidad y lo nuevo una bandera, que vivir en la modernidad, una mayoría para quienes los actos de vida emergen, casi a su pesar, de la fe inquebrantable en el progreso. Para Menghi y sus colegas del Barrio de La Boca la pintura es una locura que traduce el tesón y la esperanza barrial.

Acercarse al arte y a la vida de Menghi es rebasar su persona para entenderla como representativa de ciertas particularidades de nuestra conformación como país de inmigrantes, del mundo obrero y de sus deseos y aspiraciones.

---

[1] *Del Castillo, Laura. "Los tiempos cuando pintar era una locura." Buenos Aires,* La Prensa, *1° de febrero de 1981.*

[2] *Véase Wechsler, D.* Crítica de Arte, condicionadora del gusto, el consumo y la consagración de obras de arte. Buenos Aires 1920-1930. *Universidad de Granada, serie Tesis doctoral, 1995.*

[3] *Sarlo, Beatriz.* Una modernidad periférica: Buenos Aires 1920 y 1930. *Buenos Aires, Nueva Visión, 1988.*

El barrio como escenario

En los inicios de la década del '40, la crítica de arte que se refiere a La Boca, antes de abordar el hecho artístico que provoca el texto, se ve obligada a detenerse en cuestiones que ilustran sobre el entorno socio-cultural donde ha sido producido y señala: "La popular barriada de La Boca [...] merced al movimiento cultural personalísimo y fecundo que en ella se produce, da la impresión de una pequeña urbe junto a la otra, monumental, [...]"[4]. Así, se ponen en evidencia dos aspectos: la particularidad boquense, esa pequeña urbe junto a, y al mismo tiempo al margen de, la gran ciudad, y la actividad cultural a través de la cual logra destacarse y que le permite ser vislumbrada como una zona especial.

Las razones de esa singularidad deben ser buscadas cuando la llegada masiva de inmigrantes otorgó a La Boca su perfil de barriada típicamente italiana. A las características demográficas hay que agregarles sus condiciones geográficas, también particulares, dictadas por el Riachuelo. Así, como señalan ciertos trabajos sobre el tema[5], el barrio se conforma sobre tres ejes principales: Necochea como eje barrial, Almirante Brown como vínculo con la ciudad, y Pedro de Mendoza como eje de la ribera para extenderse luego hacia el sur por los astilleros y el collar de viviendas de la Vuelta de Rocha. La descripción hace pensar en un mundo de intensa actividad, esa pequeña urbe que describía el articulista, cerrada sobre sí misma, pero a merced de una doble pertenencia: por un lado con la mirada puesta en el mar y en la Italia que quedó atrás, y por el otro con relaciones cambiantes, que oscilan entre la fascinación y el conflicto, con la zona céntrica.

Desde mediados del siglo XIX los ligures son allí mayoría; en la calle se habla dialecto genovés, amigos y parejas se eligen en ese entorno donde vida social y cuestiones económicas son dominadas por el grupo italiano[6].
Esta intensa recreación de las características culturales de origen se ve reforzada con estrategias solidarias más generales, comunes a diferentes grupos, y que hacían más llevadera la vida en el país de acogida. El mutualismo étnico es una de ellas. Sus orígenes datan también del siglo XIX: *Unione e Benevolenza*, por ejemplo, se constituye en 1858 y ya para 1914 se registran en Buenos Aires 66 asociaciones que nuclean a más de 50.000 socios[7].
Los habitantes de La Boca pueden pertenecer a alguna de estas asociaciones, pero desarrollan además un notable número de instituciones propias vinculadas con la acción mutual y/o cultural. Las más significativas son la *Unión de La Boca*, la *Logia Masónica Libere Pensatori*, la *Sociedad Verdi*, la *Sociedad Ligure de Socorros Mutuos* y los *Bomberos Voluntarios de La Boca*, que llevan como lema *Volere é Podere*, particularmente importante para la sensibilidad inmigrante.
A las instituciones mencionadas se suman las propiamente culturales, herederas de toda esa experiencia asociacionista y destinadas, como hemos visto, a conducir el prestigio del barrio más allá de sus fronteras.

De una a otra margen del Riachuelo, entre *Bermellón*, *Impulso* y *Gente de Arte de Avellaneda*

En ese entorno estimulante, pleno de desafíos y plagado de los avatares que atañen a los sectores populares se va a formar José Luis Menghi. El frigorífico *La Blanca*, del otro lado del Riachuelo, la fábrica de dulces *Noel*, el movimiento de barcos y la descarga de carbón

[4] *"El Hogar de Artistas* Impulso *reúne a consagrados y amateur. Miguel C. Victorica expone sus obras", octubre de 1940, periódico no identificado, Archivo Rosso.*

[5] *Entre otros: Guevara, Celia. "La Boca, su historia urbana y su composición étnica." En:* Anales del Instituto de Arte Americano e Investigaciones Estéticas Mario J. Buschiazzo, *N° 26, Buenos Aires, 1988.*

[6] *Sobre este tema véase, entre otros: Cacopardo, M. C. y Moreno, J. L.*, La familia italiana y meridional en la emigración a la Argentina, *Nápoles, E. Scientifiche Italiane, 1994; Devoto F., "Los orígenes de un barrio italiano en Buenos Aires a mediados del siglo XIX." En:* Boletín N° 1. 3ra Serie. Instituto Ravignani, *UBA, 1989, y nuestro trabajo "Italia en la nebbia. La Boca como residencia", en Wechsler, D. (coordinadora),* Italia en el horizonte de las artes plásticas. Argentina, siglos XIX y XX. *Buenos Aires, Dante Alighieri, 2000.*

[7] *Véase Devoto, F. "Mutualismo étnico, liderazgo y participación política. Algunas hipótesis de trabajo." En: D. Armus,* Mundo urbano y cultura popular. *Buenos Aires, Sudamericana, 1990.*

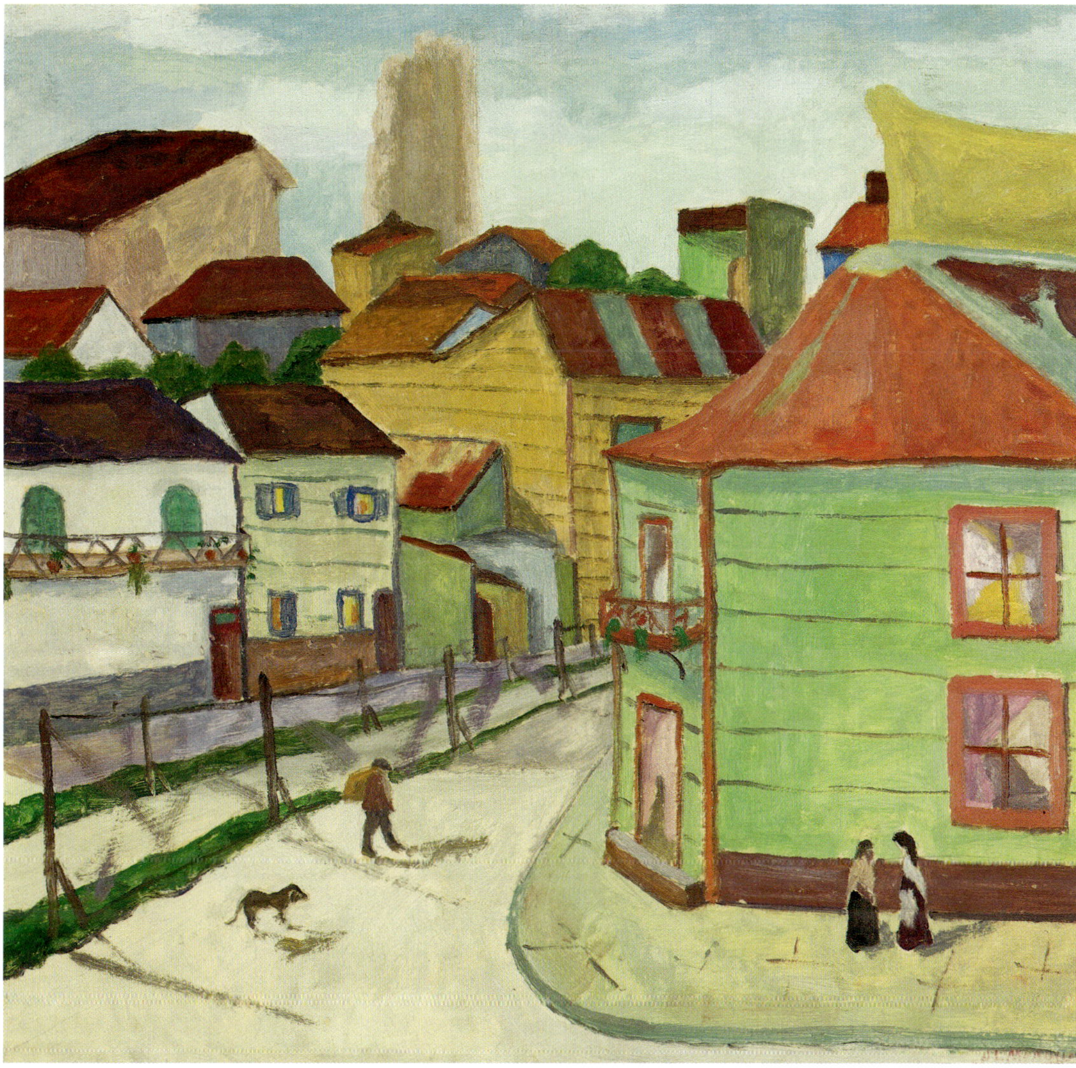

Amanecer en La Boca, 1940
óleo sobre hardboard
74 x 77 cm

en la ribera son parte del paisaje cotidiano. Allí, y *desde* allí, el artista va a desarrollar una intensa experiencia social y cultural ilustrativa de prácticas y estrategias propias de quienes, como él, han construido su historia personal de un modo muy diferente a los artistas del centro. Esas prácticas están orientadas hacia el barrio en primer lugar, pero también hacia el centro en una voluntad de ser reconocidos y premiados por los prestigiosos espacios de arte que dominan la escena nacional. Del mismo modo, los artistas van a desarrollar actividades que los vinculen con otros espacios barriales y con el interior del país.

Hijo de Fortunato Menghi, toscano, y de María Benedetti, nacida en Luca, según el relato de sus biógrafos[8], José Luis Menghi trabajó desde niño en la herrería familiar. En los primeros años, desde antes de la salida del sol iluminaba con una lámpara el trabajo paterno. Luego él mismo, durante 30 años, se inclinará sobre el yunque. Más tarde abandona la herrería para trabajar como electricista.
Así, realiza gran parte de su obra a la par que desempeña un trabajo asalariado. Recién en 1955, pasados los cincuenta años, se jubila y puede dedicarse únicamente a la pintura.

Su primer acercamiento al arte fue seguramente a través de su abuelo materno, Fortunato Benedetti, un vitralista que habría realizado diferentes obras en la zona. Luego, en 1919, integra el grupo *El Bermellón*[9], uno de los primeros agrupamientos de artistas constituidos en el barrio. Por allí pasaron, además del propio Menghi, Guillermo Facio Hebecquer, Víctor Cúnsolo, Juan Del Prete, Santiago Stagnaro y nombres menos recordados como Juan Bautista Furlan, Alberto Borgatello, Calí, Bruno, Mario Cecconi y los hermanos Bighieri.
Los años pasados en el grupo permanecerán como una marca importante en la vida del artista: no sólo se trata de pintura, en el *Bermellón* se lee y se discute literatura –los novelistas rusos Gorki, Dostoievski, Tolstoi; el anarquismo, Kropotkin, Bakunin, de la mano de Santiago Stagnaro, el artista Secretario del Sindicato de Caldereros–, se leen poesías escritas por los miembros del grupo y se pinta y se discute sobre arte. Son jóvenes en plena formación, incorporan los textos a los que acceden con la avidez virgen y plena de optimismo que les permite realizar una toma de posición en la vida. Están convencidos de la perfectibilidad del hombre. Se trata de intervenir para modificar el mundo, de superar la pobreza a través de la educación y de la intervención pública, a través del arte o, incluso más allá, con la intervención política. Las ideologías obreras, mezcladas con el republicanismo y la religiosidad italiana, se discuten en el trabajo y en las calles del barrio. Más allá de la pertenencia orgánica a los diversos grupos anarquistas, al Partido Socialista o Comunista, las aspiraciones de cambios tuvieron un fuerte peso en el imaginario boquense, como se refleja en los dibujos de carácter social de Fortunato Lacámera o en el Quinquela casi adolescente, que en 1904 militó por la candidatura de Alfredo Palacios. Menghi, por su parte, recuerda:
"Nos encontrábamos con Facio Hebecquer, Arato, Riganelli [...] estaban apasionados por las luchas sociales y el destino de los humildes. Ellos estaban más claramente en una línea de plástica social y nosotros, al fin y al cabo, también. Éramos obreros y no podíamos estar en otra cosa."[10]
El cambio es visto como posible y cada gesto se apoya en esta convicción.

Al mismo tiempo que se reúnen en el *Bermellón,* Menghi y sus amigos hacen revisar su obra por un artista en cuya formación confían, Adolfo Montero, boquense como ellos y con un taller próximo a su lugar de reunión.
En 1926 el barrio, con la fundación del *Ateneo*[11], se asegura la actividad de agrupaciones

---

[8] *Gulias, José F.,* José Luis Menghi. Color y Poesía, *Avellaneda, Ed. del Autor, 1982. Kantor, Manuel,* Pinacoteca Popular Argentina, Menghi, *Buenos Aires, Pinacoteca INCA, 1979. Zabatta, Gioconda de.* 16 pintores de Avellaneda, *1er Premio Municipal, 1969.*

[9] *Hasta el momento no se conoce la totalidad de los integrantes del grupo; se desconoce la existencia de fuentes que puedan documentar con certeza sobre sus miembros y actividades. Los autores se contradicen; por ejemplo, O. Svanascini (*Un mundo en un barrio, *Buenos Aires, Viscontea, 1967) no menciona a Menghi entre sus integrantes.*

[10] *Zito Lema, Vicente. "Conversación con José Luis Menghi." En:* Crisis, *Buenos Aires, julio de 1976.*

[11] *El* Ateneo *tomó diferentes iniciativas relativas a las letras, la plástica y la música. Entre las más importantes figuran su Salón de Artistas Noveles, destinado a los jóvenes obreros de la zona; de ese Salón surgieron artistas como Miguel Diomede. En 1937*

cuya importancia en la plástica excede los límites de La Boca.
Años más tarde, en 1940, es el turno de *Gente de Arte y Letras Impulso*[12]. La agrupación se funda en el estudio del pintor Fortunato Lacámera. Al margen del folio del Acta N° 1[13] el nombre de José Luis Menghi aparece como co-fundador. En el acta N° 3, del 4 de mayo de 1940, ha quedado registrada la designación de la Comisión Directiva: la Presidencia es para Lacámera[14], Menghi es designado Vocal. Su nombre figura regularmente en las actas, una asistencia casi perfecta a las reuniones que indica un sólido compromiso con el proyecto: suele ser él quien propone la separación de los miembros que no cumplen con sus funciones. Entre 1940 y diciembre de 1944, el artista renueva su cargo de vocal con abundantes votos; luego, desde 1945, no figura como miembro de la comisión directiva, probablemente por su actuación en Avellaneda, como veremos más adelante, pero aun así continúa estrechamente vinculado con *Impulso*.
El escritor José Pugliese[15] recuerda que las inauguraciones de *Impulso* se realizaban los sábados a la tarde aprovechando el día en que los artistas, en su mayoría asalariados, tenían la tarde libre del "sábado inglés". Las muestras solían completarse con una conferencia y la actividad terminaba alrededor de las 9 de la noche. A esa hora, el grupo marchaba a cenar en uno de los bodegones de la zona. Elegían en general la cantina de Spadavecchia, "una vez ubicados, se esperaban los platos, cantando barcarolas y haciendo eco al grito estentóreo de José Menghi que incitaba a los brindis". El nostálgico relato de Pugliese ilustra sobre la vida de los artistas de la zona y muestra además cómo era el *Gordo* Menghi, recordado por todos como alguien afable y tranquilo, el divertido animador de aquellas tertulias que fueron construyendo la imagen del barrio como *territorio* de artistas.

De las múltiples actividades de *Impulso*, Menghi participará en las exposiciones colectivas de 1940, con Quinquela, Victorica, Diomede y Lacámera; en la que inicia las actividades de 1941[16] y en casi todas las posteriores. Ese mismo año cobra, para él, particular significación, porque el 11 de octubre, también en las salas de *Impulso*, realiza su segunda muestra individual[17]; en las actas se precisa que se decide postergar la fecha de clausura y cerrar las actividades del año con su muestra.
Como vocal de *Impulso* el artista integra la comisión de actos culturales –con Mario Giordano La Rosa, Orlando Stagnaro y Juan Carlos Miraglia– y, además de organizar una muestra de los boquenses solicitada por el Director del Museo de Lomas de Zamora, en 1941, se va a comprometer con una de las actividades más notables de *Impulso*. Se trata del homenaje[18] que la asociación brinda, el 19 de octubre, a Miguel C. Victorica por haber obtenido el Gran Premio en el XXXI Salón Nacional de Bellas Artes. En esa ocasión *Impulso* logró movilizar a todo el vecindario y ocupar las calles del barrio. Más allá de homenajear a Victorica, uno de los primeros adherentes a la Asociación, se trató de apoyar la consagración artística para prestigiar a

organizó junto a Amigos del Arte *la exposición póstuma de Victor Cúnsolo, el primer homenaje que recibió el artista por su obra.* El Ateneo *promovió además diferentes publicaciones donde escribieron, entre otros, Julio Payró y Jorge Romero Brest.*

[12] *Véase Constantín , M. T. "El último reducto romántico de Buenos Aires. Agrupación de Gente de Arte y Letras Impulso. 1940-1951." En:* Arte y Recepción, VII Jornadas CAIA. *Durante los años estudiados,* Impulso *desarrolló una muy importante actividad en su sala de exposiciones, en la que presentaron su obra artistas como Victorica, Castagnino, Gómez Cornet, Larco, Pacenza, Basaldúa, Daneri, Centurión, L. Fontana, Spilimbergo, Pettoruti o Forner. Sostuvo una editorial, donde fueron publicadas por primera vez las* Voces de Porchia, *y mantuvo una escuela y una biblioteca especializada en arte. Se realizaron conferencias y se acordaron muestras en diferentes espacios.*

[13] *Actas de* Impulso, *Archivo* Impulso.

[14] *Cargo que ocupará hasta su muerte, en 1951.*

[15] *"Orígenes de las cantinas boquenses." En:* La Gaceta del Sur, *Buenos Aires, octubre de 1973.*

[16] La Nación, *Buenos Aires, viernes 7 de abril (año ilegible), "La Agrupación de Gente de Arte y Letras Impulso inicia sus actividades del año con una exposición colectiva. Allá en un rincón de La Boca, actúa modestamente sostenida por sus propios medios." [...] "entre ellas se presenta un* Nocturno, *un bien logrado óleo de José Luis Menghi."*

[17] *La primera había sido en galería Peuser, en 1932.*

[18] *Desde las 7 de la tarde el barrio fue recorrido por una banda de música, para convocar al vecindario a concentrarse luego frente al estudio del artista. Una carroza de lujo cedida por una funeraria de la zona recogió a Victorica que iba acompañado por Quinquela y Lacámera. Pasaron por* Impulso *precedidos por antorchas encendidas, los boy-scouts y un coche-bomba para terminar en una multitudinaria cena en la sede de los Bomberos Voluntarios. Recibieron numerosas adhesiones del centro.* La Prensa, *Buenos Aires, 20/10/41.*

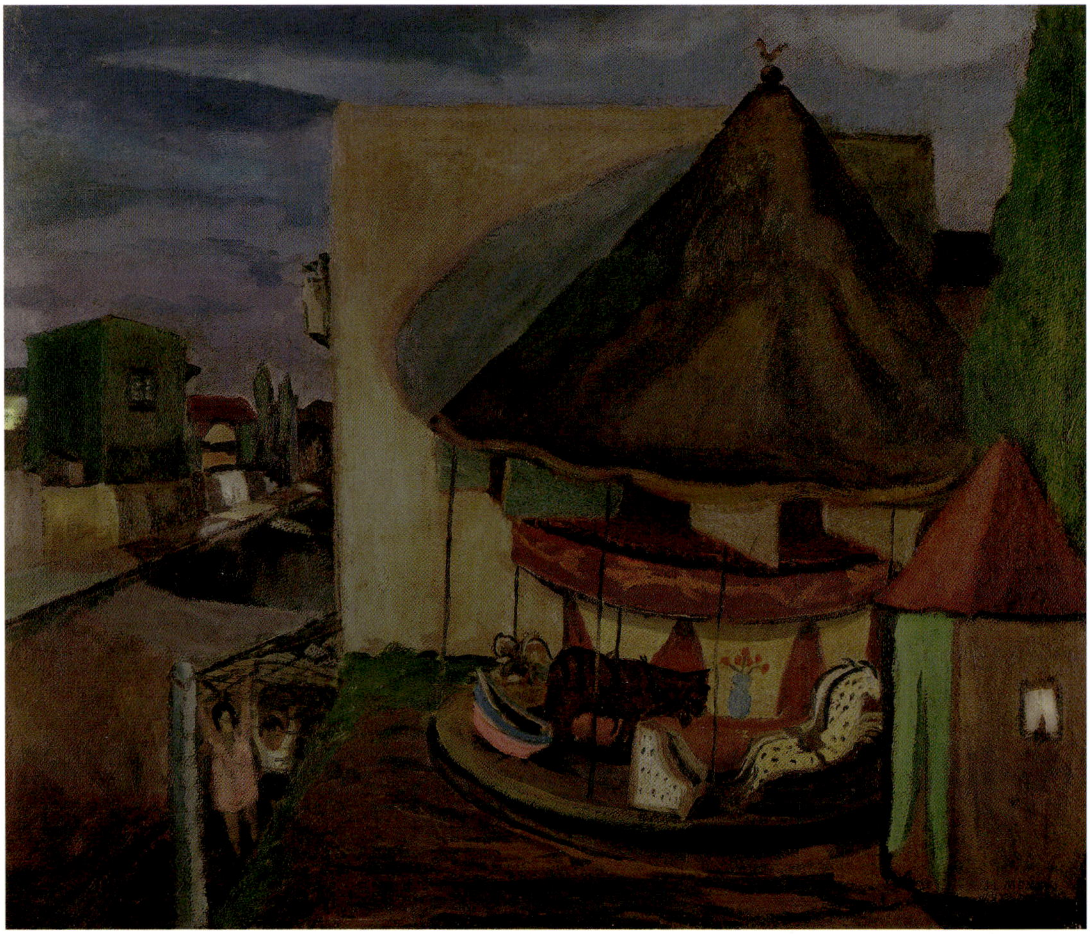

Calesita, 1945
óleo sobre cartón sobre hardboard
68,1 × 82 cm

todos los artistas y, por ende, ganar espacio para el barrio. Victorica es el nexo con ese centro que desde las clases altas mantenía, por lo menos, un condescendiente paternalismo hacia la concentración inmigrante. En la reunión del 26/11/1941, la Asociación se felicita por el resultado obtenido y se decide redactar una nota "aplaudiendo a los ejecutores de los mascarones y afiches, Sres. José Menghi, Manuel González Lázara y Francisco Rojo Anglada"; encabezados por Menghi, los artistas estrecharon sus vínculos con el barrio saliendo con la producción a la calle y buscando un amplio encuentro con el público.

El 23 de febrero de ese mismo año, 1941, se funda *Gente de Arte de Avellaneda*[19]:
"tiene características similares a la peña boquense (Impulso). Situada en la margen derecha del Riachuelo, el ambiente ribereño determina en sus integrantes modalidades y gustos coincidentes con los de la otra banda. Los componentes de Gente de Arte llaman 'hermana mayor' a la Agrupación artística de La Boca. Hay más, cuéntase entre los fundadores de la Asociación de Avellaneda, elementos que contribuyeron a la fundación de 'Impulso' [...] y que han pasado a integrar [...] Avellaneda, [...] anima también a 'Gente de Arte' el inquieto espíritu que dio fama entre las asociaciones artísticas del país, a la peña boquense".[20]

En 1930 Menghi se había visto obligado a dejar La Boca: con el golpe de Uriburu y el giro autoritario que toma la situación política del país, el artista, conocido en el barrio por sus ideas reformistas, es detenido por la policía durante sólo algunas horas, pero su taller y su hogar reciben luego la visita regular de la policía, como indicándole que tienen la mirada puesta sobre él. Frente a esa situación, su padre le recomienda dejar la zona por un tiempo y le ayuda a comprar una casa y establecerse en Avellaneda.
De modo que para la fundación de *Gente de Avellaneda* él es ya un vecino de la zona. En 1941, Menghi ocupa el cargo de Protesorero; en 1943 es Vicepresidente hasta que en 1947 es designado Presidente de la entidad. Actúa además como jurado de salones y premios, demostrando el mismo empeño y compromiso que tenía con el grupo de La Boca.

En 1945 las dos asociaciones del Riachuelo realizan muestras de intercambio. Ese mismo año la Municipalidad de Avellaneda realiza el Primer Salón Municipal de Bellas Artes; cuando la revista *Plástica* comenta el evento, destaca que en un lustro la zona se ha destacado por sus actividades artísticas y que gran parte del mérito corresponde a la actividad desarrollada por *Gente de Arte*.

Ambas asociaciones sostuvieron una actividad que, apoyándose en el arte, trascendió el campo artístico: intervinieron en lo público, vincularon a los diferentes barrios entre sí, usaron las conferencias, los cruces de invitados y las exposiciones como un nexo con el centro, al mismo tiempo que todas las actividades culturales aparecían como un importante símbolo de progreso colectivo que los artistas sabían capitalizar para su entorno. Así, como había sucedido con el premio de Victorica, también en Avellaneda las distinciones a los artistas se percibían como un triunfo de la colectividad:
"El Jurado del XII Salón de Arte de Mar del Plata, salón organizado por la Dirección de Bellas Artes dependiente de la Dirección Nacional de Cultura, ha otorgado el Primer Premio 'Gobernador de la Provincia de Buenos Aires' a la obra titulada 'Motivo Marinero', de José Luis Menghi [...]. Para nuestra ciudad, que es su albergue, el triunfo de este artista representa el triunfo de sus valores espirituales y de su consagración. Nos enorgullecemos de su colaboración al gran destino que le está reservado a Avellaneda en el progreso total de la patria y sabemos que la actividad que desarrolla desde la Asociación Gente de Arte, de la que es presidente, ha de fecundar en los espíritus de todos los jóvenes que reúne la

---

[19] Mantienen una sala de arte, en la que se exhibe obra de Juan Batlle Planas, grabadores contemporáneos (entre otros, Audivert, Bellocq, Delhez, Planas Casas, Rebuffo), Raúl Russo, Berni, Fray Guillermo Butler, una muestra de arte contemporáneo con participación de E. Policastro, Horacio March y Onofrio Pacenza, entre otros, y se dictan conferencias de Cayetano Donnis, Paul Conquet, Raúl Loza y Leónidas Barletta. Exponen en su sede obras del Museo Provincial de Bellas Artes de La Plata. Se publica Vuelo, boletín de la Asociación, se organizan visitas al Museo Nacional de Bellas Artes y se mantienen en funcionamiento cursos de artes plásticas y una Biblioteca de Arte.
[20] Plástica, Buenos Aires, Anuario 1947.

institución, orientándolos con su palabra serena por el camino de la verdad". [21]

En el caso de La Boca, el grupo de los artistas es uno de los sectores más dinámicos del barrio, de modo que, junto a la italianidad, son ellos quienes van a dar la verdadera impronta sobre la vida cotidiana y los que contribuyen a configurar un rostro diferente para la inmigración.

Salones, premios y algunas muestras

En el año 1927, José Luis Menghi se presenta por primera vez al Salón Nacional[22] y, salvo raras excepciones, con tenaz persistencia concurrirá hasta fines de la década del '70.
¿Cuáles son las razones de tanto empeño? Como mencionáramos más arriba, el Salón Nacional, más allá de los diferentes momentos históricos por los que atravesó, constituye el escenario principal donde mostrar las obras y vincularse con el público. Por su parte, la consagración que concedía la obtención de un premio permitía avalar una indiscutible existencia, en términos de calidad, para el mercado.
Como señalan Penhos y Wechsler:
"Los Salones se convirtieron rápidamente en una vidriera privilegiada así como en el catalizador de la producción plástica local. Los Salones fueron además, en buena medida, los responsables de la constitución de un público moderno y de una crítica que [...] se ocupó de completar la tarea de dar visibilidad a un sector del colectivo de artistas [...]". [23]
De modo que para un artista de *extrarradio*, como son él y sus compañeros de ambos barrios, ser aceptado y exponer en el Salón es una prueba de sus posibilidades de medirse de igual a igual con sus pares del centro y de poder aspirar a la venta de las obras. "No se pintaba para vender y la máxima aspiración era poder exponer en el Salón Nacional"[24], declara Menghi.
Las asociaciones en las que participaban eran un motor para insistir en estas presentaciones; en el caso de *Gente de Avellaneda*, la entidad actuaba como un nexo con el centro y recibía en su sede las obras de los artistas del barrio que luego iban a ser enviadas al Salón.[25]

Sólo en casos extremos se justifica no participar en el Salón, como sucedió seguramente para Menghi con el de 1945. En esa ocasión el campo de la plástica se vio sacudido por los acontecimientos políticos internacionales y la voluntad de los intelectuales argentinos que, aprovechando el fin de la guerra y la derrota de los países del Eje, se movilizaron contra el régimen instalado en 1943 para ganar un espacio de libertad también en el terreno nacional. En esas condiciones, un grupo de artistas llamó a no participar del Salón Nacional, identificado con el oficialismo y el autoritarismo, y presentarse en el Salón Independiente[26], que se realizó en la calle Florida en salas de la Sociedad Rural.
A finales de ese año el crítico Leonardo Estarico[27] escribe un artículo donde señala: "los artistas argentinos más destacados, en señal de protesta por hechos que son de dominio público, resolvieron no concurrir al Salón Nacional y realizar el Salón Independiente en su reemplazo, libres del amparo áulico". El artículo hace referencia también a que "la acción avasallante de los gobiernos totalitarios debe ser objeto de meditación, por parte de los artistas" y concluye: "El certamen de este año, se considerará en el futuro como una página en blanco, en la historia del Salón Nacional".
Más allá del énfasis puesto por Estarico en una evaluación tan categórica del Salón, que

---

[21] *"La Libertad de Avellaneda", citado por Zabatta, Gioconda de*, op. cit. *p. 75.*

[22] *También en 1931, 1932 y 1938. De 1941 a 1944, sin interrupción. Vuelve en 1946, 1949 y 1950. Nuevamente de 1950 a 1954 y así, casi permanentemente, durante cincuenta años, hasta avanzada la década del '70.*

[23] *Penhos, M. y Wechsler, D. (coordinadoras) En:* Tras los pasos de la norma. Salones Nacionales de Bellas Artes (1911-1989). *Buenos Aires, Jilguero-CAIA, 1999.*

[24] *Zito Lema,* op. cit.

[25] Vuelo, *abril de 1951.*

[26] *Véase Giunta, Andrea, "Nacionales y populares: los salones del peronismo". En Penhos, Marta y Wechsler, Diana (coordinadoras).* Tras los pasos de la norma. Salones Nacionales de Bellas Artes (1911-1989), op. cit, *pp. 153-181.*

[27] Plástica, *Buenos Aires, Anuario 1945, p. 28.*

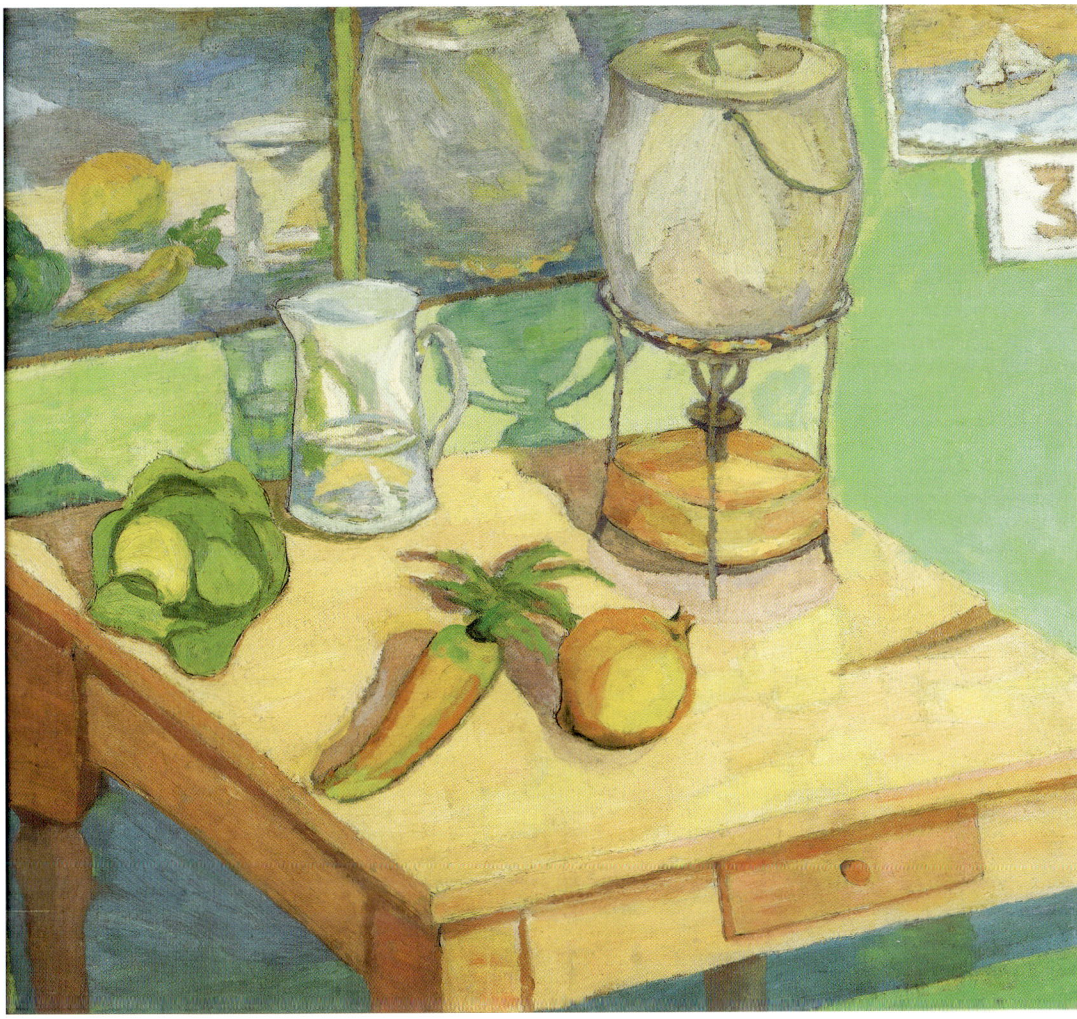

La última sopa, 1927
óleo sobre hardboard
70 x 77 cm

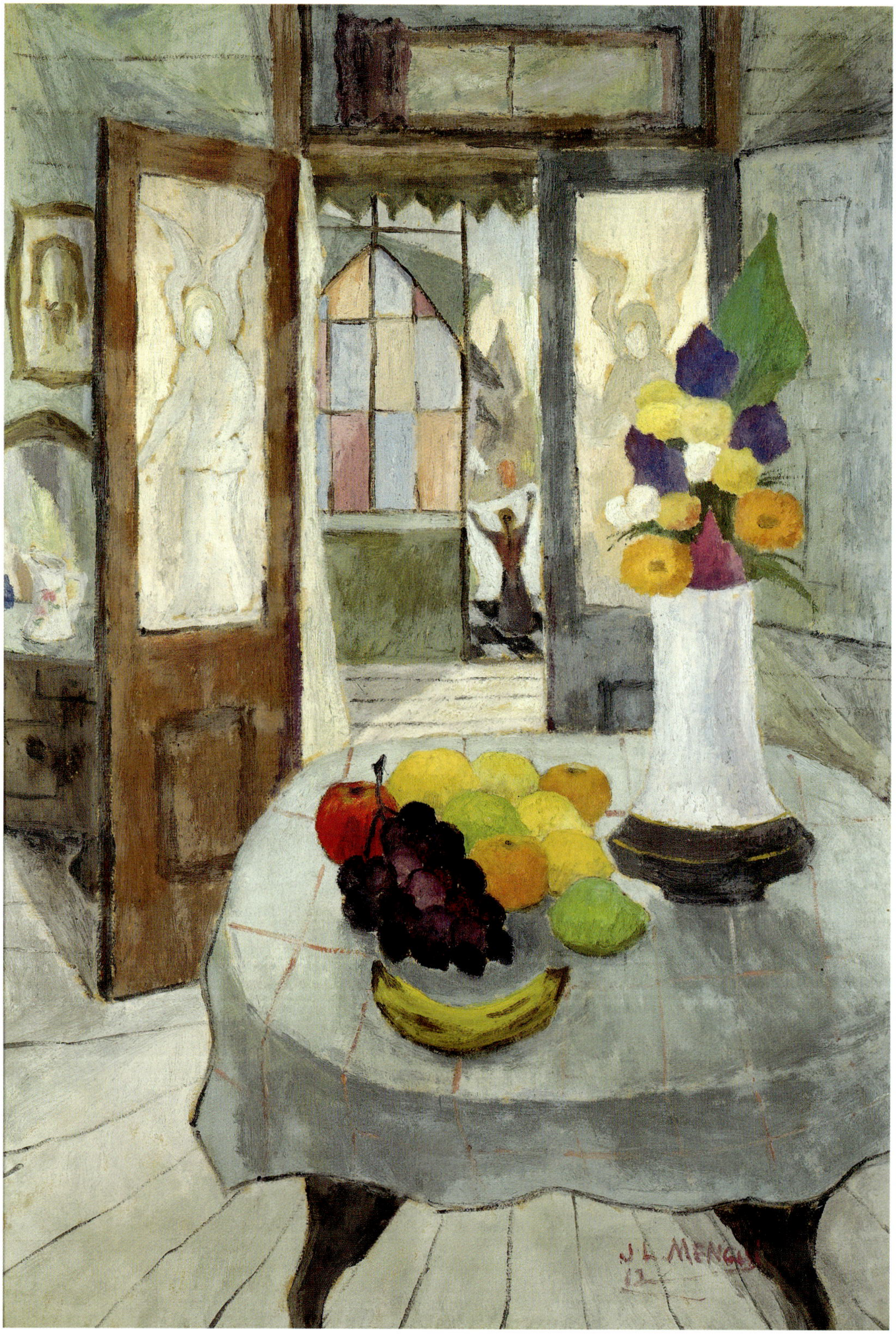

Interior de La Boca
óleo sobre hardboard, 94 x 70 cm
Museo de Bellas Artes de La Boca de
Artistas Argentinos "Benito Quinquela Martín"

responde seguramente a su posición personal frente a la situación política, es evidente que la tensión del momento, una abierta toma de posiciones, se concentra en el Salón Independiente.

Frente a él los artistas reaccionaron de diferentes formas: entre los promotores de la iniciativa figuran nombres como Berni, Spilimbergo, Forner, artistas fuertemente comprometidos con lo social. Los artistas cordobeses se solidarizaron con la iniciativa, pero asistieron al Salón Nacional porque se trataba de "contingencias ajenas a su propio destino". En el caso de los artistas de Avellaneda declararon, como grupo, que: "No hay nada en la Nación que esté por encima de los intereses de la Nación". En el fondo, una actitud de ruptura con la mayor instancia de consagración artística causaba temor en los artistas. De manera que sólo un claro compromiso con las posiciones políticas en juego podía sostener la actitud de los independientes. José Luis Menghi fue uno de ellos y, a pesar del peso que la participación en el Salón oficial podía tener en su imaginario, no dudó en alejarse de él.
De todas maneras, el propio Estarico advierte:
"El Salón Nacional ha alcanzado un prestigio que no es patrimonio de las instituciones oficiales que lo patrocinan, sino el resultado del esfuerzo y perseverancia de los que asiduamente concurren al mismo, ajenos al teje y maneje de los promotores".[28]
Y efectivamente, luego del intenso episodio del '45, en 1946 los artistas del Independiente vuelven al Salón Nacional y con ellos, Menghi.

Una mirada a su participación en el Salón Nacional y los salones del interior del país muestra un recorrido y una recepción singular: en 1940 obtiene el Premio Adquisición en el Salón Anual de Santa Fe, que vuelve a obtener en 1946 y 1951, y un Primer Premio en 1967. Lo mismo sucede con otros tempranos premios logrados en el interior, como Mar del Plata y La Plata. Mientras que en el Nacional recién logra una Mención Honorífica en 1954, el Premio Quinquela Martín en 1961, un Tercer Premio en 1966 y el Primer Premio en 1969, el mismo año que logra el Tercer Premio Municipal en el Salón Manuel Belgrano. Estas dos últimas recompensas señalan el reconocimiento y la consagración definitiva de José Luis Menghi.
De este recorrido merecen ser destacados dos aspectos: por un lado la mayor permeabilidad de los salones del interior para los artistas que, como Menghi, no encajan en la tradición académica y cuyo lenguaje resulta en cierta manera inclasificable para las instancias defensoras de la tradición; en el mismo sentido debe ser entendida la *resistencia* que ejerció sobre su obra el Salón Nacional. Por otra parte, en el caso particular de Santa Fe, es evidente una especial sensibilidad –una menor resistencia a lo nuevo– para los artistas de las nuevas tendencias y del singular grupo de La Boca. *Sensibilidad* a la que no sería ajena la cercanía de Luis León De Los Santos, un coleccionista también nuevo, inmigrante de clase media, que había frecuentado y coleccionado al grupo del Riachuelo y que, desplazado de la función pública por el peronismo, se trasladó a Santa Fe y finalmente enriqueció el patrimonio del Museo Rosa Galisteo de Rodríguez con la donación de su colección personal, conformada esencialmente alrededor de este núcleo de artistas[29].

De la misma manera que a Menghi los premios en el Salón *se le resisten,* aquellos que actúan como organizadores de muestras emblemáticas para el arte argentino parecen no terminar de reconocerlo. Cuando en 1952 el gobierno peronista, en una clara operación política alrededor del arte, organiza la gran muestra "Exposición de la Pintura y la Escultura Argentina de este Siglo"[30], que reunió a diversas tendencias artísticas, Menghi no fue convocado.

Una mirada a su trayectoria permite observar que no siempre premios y muestras, y aceptación o visibilidad desde la crítica, coinciden en su ritmo. En lo que se refiere a exposiciones,

[28] Ibídem.

[29] *Véase Constantín, M. T. "El hombre propone y... la época dispone. O cómo se dibujó el perfil del Museo Rosa Galisteo de Rodríguez". En:* Epílogos y prólogos para un fin de siglo. *Buenos Aires, VIII Jornadas CAIA, 1999.*

[30] *Entre otras consideraciones, en la presentación del catálogo se sostiene que: "la muestra es en realidad nuestro mejor espejo, todos sacaremos gran partido de ella, comenzando por el de la identificación".*

como se señaló anteriormente, Menghi realiza su primera muestra individual en 1932, pero es su muestra en *Impulso* en 1941 la que marca un punto real de inicio en su carrera: desde esa muestra comienza un ritmo regular de exposiciones con momentos de intensa actividad, como la década del '60, donde realiza más de una muestra por año. En esa década, en un progresivo ascenso, el artista accede a los premios consagratorios de Buenos Aires: cuatro en el Salón Nacional y dos en el Municipal.

Finalmente, luego de obtenido el Primer Premio del Salón Nacional, en 1969, Menghi logra conquistar el *derecho* a una importante muestra retrospectiva, con 78 obras, en la prestigiosa galería Witcomb[31], que desde años antes viene facilitando su espacio a los nuevos lenguajes vinculados, algunos, con la fuerte politización del período. Años más tarde, en 1981, la galería organiza una muestra más pequeña, con 22 obras. En los años '70, Menghi sigue exponiendo regularmente hasta alcanzar la condición de artista exclusivo de LAASA (Lorenzutti, Artes y Antigüedades). Premios y ventas, en su caso, parecen haber funcionado al unísono al punto que, en noviembre de 1969, la galería Raquel Real de Rosario organiza una muestra de Menghi y como subtítulo de la misma incorpora: "1er Premio Nacional 1969"; ese premio aparece como la mejor garantía para atraer al público y garantizar las ventas.

La crítica, sin embargo, le es esquiva; aun cuando obtiene premios, muy pocas veces se lo menciona y muy frecuentemente es ignorado. Recién en la década del '70, cuando el artista ha obtenido todos los premios y tiene un considerable éxito de venta, puede aspirar a ser tenido en cuenta desde los textos.

La crítica

En ese entramado constituido por exhibición, crítica, público, consagración, venta, ¿qué lugar ocuparon aquellos que elaboran el texto escrito alrededor/encima de la obra? ¿Vieron la obra o generaron una obra diferente? ¿Forzaron la imagen para hacerla entrar en una categoría?

La obra de Menghi parece haberse prestado para diversas posibilidades; llamativamente, a medida que el artista es más reconocido y su obra deja de *pertenecer* al barrio, más parece prestarse para las apropiaciones del texto escrito.

Así durante los primeros años, cuando su obra sólo merecía el comentario de personajes como Fabio Berraute, que desde las páginas de *Plástica* se refería a las actividades de *Impulso* y *Gente de Arte*, las apreciaciones sobre su obra mencionaban su "alma de poeta" o que "habla al corazón con sus pinceles".[32] El crítico sólo abordaba la obra desde la emotividad del artista o del espectador.

En 1956, en ocasión de la muestra en Van Riel, una nota en *La Prensa*[33] sostiene el carácter "emocional" y de "sensaciones" que comienza ahora a no ser tan bien visto. Así, el artista tiene una "actitud más sensorial que reflexiva", lo que lo conduce a "una construcción fácil y a no valorizar plásticamente los primeros planos". Se podría pensar que la exposición en los espacios céntricos va de la mano con la exigencia del respeto a la normativa académica. Posteriormente, tres momentos aparecen como particularmente interesantes en el juicio crítico.

El primero de ellos se produce en 1964, cuando Ignacio Pirovano, quizás a pedido del propio artista, escribe el texto para el catálogo de la muestra en la galería El Taller. En ese texto Ignacio Pirovano, ardiente defensor del arte no figurativo, evoca a Kandinsky para sostener que aquél estaba convencido de que "la esencia de la obra de arte era totalmente ajena al tema, pretexto de su realización". Así Pirovano libera a Menghi de la exigencia del crítico de *La Prensa*: si lo importante no es el tema podemos disculpar cualquier *error* para poner la atención en otro tipo de elementos. Y Pirovano, para jerarquizar su juicio, sostiene que la pintura de Menghi, ahora ya *pintura pura*, tiene cosas del Monet más abstracto, de Vantongerloo y de Le Parc, a saber: color, formas no figurativas, tensiones, ritmos y experiencia visual pura. Un texto, entonces, donde el crítico hace una defensa de sus propias concepciones

[31] *Véase Artundo, Patricia.* La Galería Witcomb. 1868-1971. *Buenos Aires, Fondo Nacional de las Artes, 2000.*

[32] *Berraute, Fabio. En* Plástica, *Buenos Aires, Anuario 1947.*

[33] La Prensa, *Buenos Aires, 25/6/56, s/firma.*

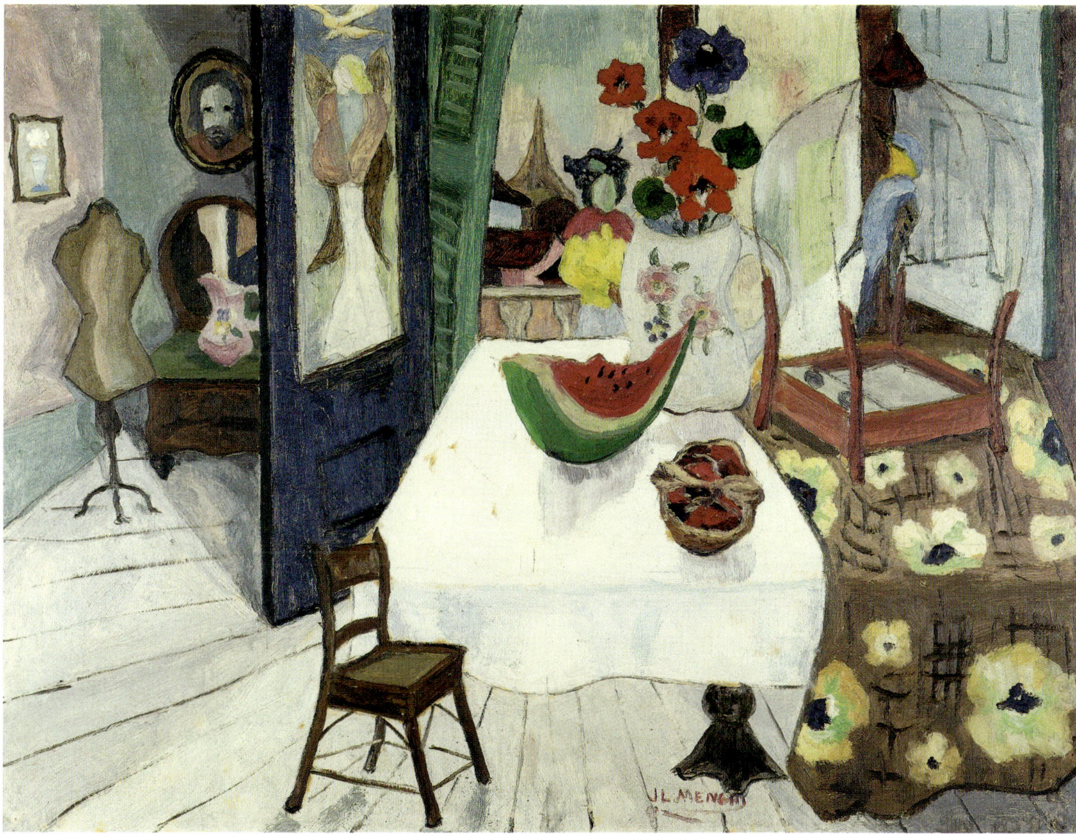

Interior con pájaro,
óleo sobre papel sobre hardboard, 80 x 110 cm
Salas Nacionales de Exposición

acerca de la pintura, al punto de *forzar* la obra de Menghi y hacerle perder su carácter figurativo.
El segundo momento se produce en 1965, cuando se publican los fascículos de *Argentina en el Arte*[34], y en la entrega de *Pintura Ingenua,* Manuel Mujica Lainez otorga un lugar a José Luis Menghi e ilustra el texto con varias obras del artista. El texto no justifica el porqué de esa categoría, pero tiene el poder, sostenido por el prestigio del autor, de congelar la pintura de Menghi en la categoría de Ingenua. En el mismo texto Mujica Lainez tiene la perspicacia de señalar que el texto de Pirovano, y sus referencias a los tres artistas no figurativos, contribuyeron a consolidar la fama de Menghi.

Finalmente, en el año 1970, cuando la galería Witcomb presenta quizá la más importante muestra de Menghi, la prensa no se hace eco de ella. El único texto generado para la ocasión es el del propio catálogo, escrito por Córdova Iturburu[35]. Se trata de uno de los pocos trabajos pensados en función de Menghi y en el cual se intenta hacer una verdadera aproximación a su obra.
Para el autor,
"Cada cuadro de José Luis Menghi suscita [...] la sensación de hallarse ante una obra de arte construida con un vocabulario recién nacido, inexperimentado, *en que cada palabra nos proporciona la sorpresa de un* significado inédito *porque es una alusión a cosas del mundo* recién descubiertas *[...]* nombradas por primera vez*".*
Y sigue:
"Hay cierto indefinido acento como de primaria timidez *en el dibujo de Menghi, cierta* delicada torpeza *como de movimiento* adolescente *en su definición de las formas, cierto emocionado temblor, como de* balbuceo, *en su solución de las dificultades del color".*
En ambas citas los destacados son nuestros; como vemos, de ellos se desprende todo un relato destinado a construir la noción de un mundo aprehendido con la virginidad de un niño, de un adolescente. Así aparecen también en otros casos calificativos como *frescura, inocencia*, los que sumados a las citas anteriores sostienen la noción de un Menghi *Ingenuo* comparado en ocasiones con el *Douanier* Rousseau, el ingenuo francés que en medio de la batalla vanguardista lograba ser sostenido por críticos como Apollinaire. En el citado texto de Córdova Iturburu aparecen otras apreciaciones referidas al *carácter popular*, a las *manos de obrero*, a su *ruda apariencia*, tendientes a reforzar la idea de un pintor "de conmovedora humildad". En el caso de Córdova Iturburu, con conocidos vínculos con el Partido Comunista, no es sospechable ningún intento descalificatorio; por el contrario, recupera el origen proletario del artista y, nuevamente, se habla de las "reacciones de un poeta".

"La pintura es moderna cuando sabe andar con su tiempo"

Con esas palabras, Menghi esbozaba una ubicación para su obra, para concluir: "No es una cuestión de modas o novedades".[36] A su vez, Córdova Iturburu, en el texto considerado anteriormente, presentaba al artista como "ajeno a toda tentación propuesta por los efímeros estrépitos de la moda". Así, las nociones de *novedad* o *moda* parecerían centrales a la hora de avanzar en una apreciación de su obra.
Sin embargo, lo que el artista y otros protagonistas de la época[37] están señalando con insistencia es una aproximación diferenciada a la modernidad de Buenos Aires. Aproximación que parece ausente en los textos críticos: a la par que Menghi realizaba su obra, buena parte de la historiografía del arte apreciaba la producción plástica según su proximidad o alejamiento de las formas adoptadas por las vanguardias, llegando a utilizar esos parámetros como un mecanismo de exclusión.
En el caso de Menghi, como se ha señalado anteriormente, la crítica se comportó echando mano a ejemplos y comparaciones sorprendentes con los grandes vanguardistas, o

[34] *Mujica Lainez, M.,* Argentina en el Arte, La pintura ingenua, *Buenos Aires, Viscontea, 1965.*

[35] *Córdova Iturburu, Cayetano.* Menghi. Retrospectiva, *Buenos Aires, galería Witcomb, diciembre de 1970.*

[36] *Declaraciones a Vicente Zito Lema,* op. cit.

[37] *En 1940 Victorica, en ocasión de su muestra en* Impulso, *declara: "La Boca es una escuela donde no hay ismos sino realidad, belleza de luces y sombras,* impulso, *como en el nombre de esta agrupación".*

recurriendo al ropaje protector de los *ingenuos* reconocidos. Pocas veces se ha señalado la particularidad de Menghi y sus colegas del Riachuelo, el camino diferente que recorrieron, alejados de las academias, formados en los espacios que ofrecían las barriadas obreras inmigrantes, esa realidad de su *tiempo*, que señalaba el artista.

Así, entendida desde ese recorrido particular, la obra de Menghi se apropió de ciertas libertades de los lenguajes modernos para mantenerse siempre en el terreno de la figuración. Su rasgo típico, su *modo* particular, se ve liberado de una representación fiel de la realidad para poner el acento en el uso del color.
Sus trabajos abordaron el paisaje, la naturaleza muerta, los interiores. En ellos, La Boca es una referencia, pero el barrio aparece distante del tumulto marinero, hirviente de trabajo, que fijó Quinquela, o del puerto cargado de nostalgia existencial de un Lacámera. La Boca para él es el barrio real, sin especulaciones intelectuales o pintoresquistas. La Boca del trabajo afanoso fue convirtiéndose, lentamente, en parte de la vida pasada, y él permaneció viviendo la repetida cotidianidad de los días. La obra de Menghi se sostiene en el color, y el motivo ha sido domesticado arbitrariamente y transformado en excusa para pintar; en ese sentido, más cercano a Victorica que a Cúnsolo o Lacámera. En algún momento se asoció su pintura con la literatura latinoamericana, seguramente en referencia al realismo mágico, que en su obra aparece en el desprecio a las normas de la tradición y en esa primacía concedida al color.

Los trabajos y el recorrido de Menghi ilustran sobre la amplitud de las fronteras del campo del arte. Su obra se establece sobre bases marcadamente diferentes de las normativas que los espacios y las voces legitimadoras del arte pretendían asignar y, junto al grupo de artistas con los que actuó, produjeron fisuras por las que introdujeron decididamente su obra.

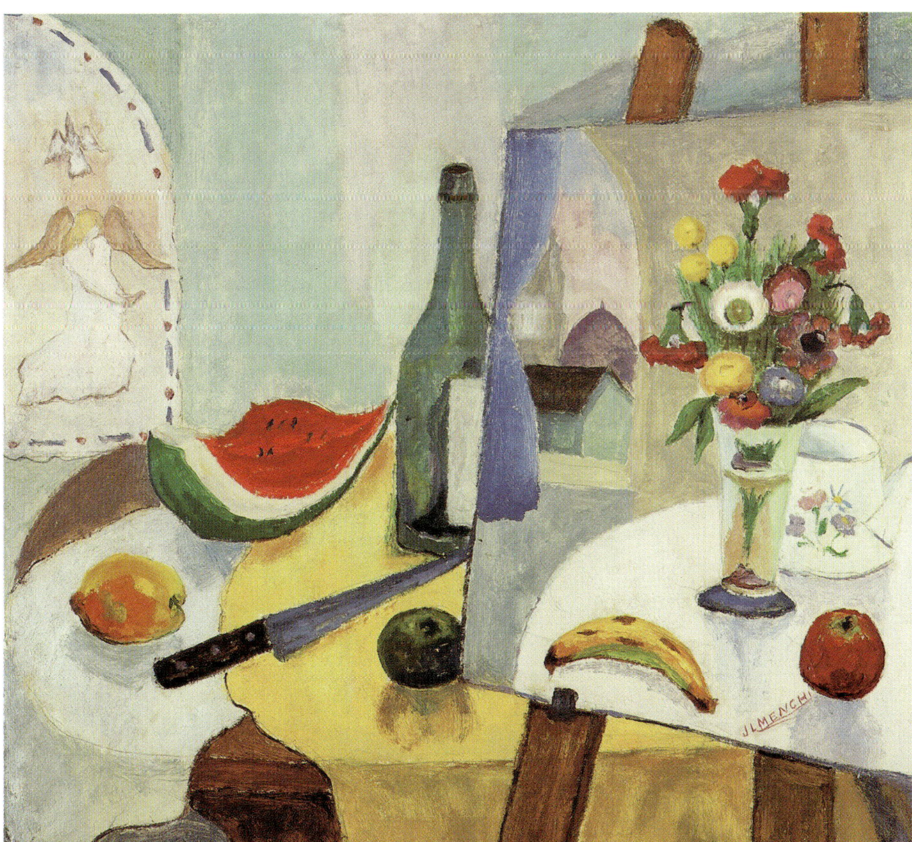

Interior con caballete
óleo sobre papel sobre hardboard
73,1 x 80,5 cm

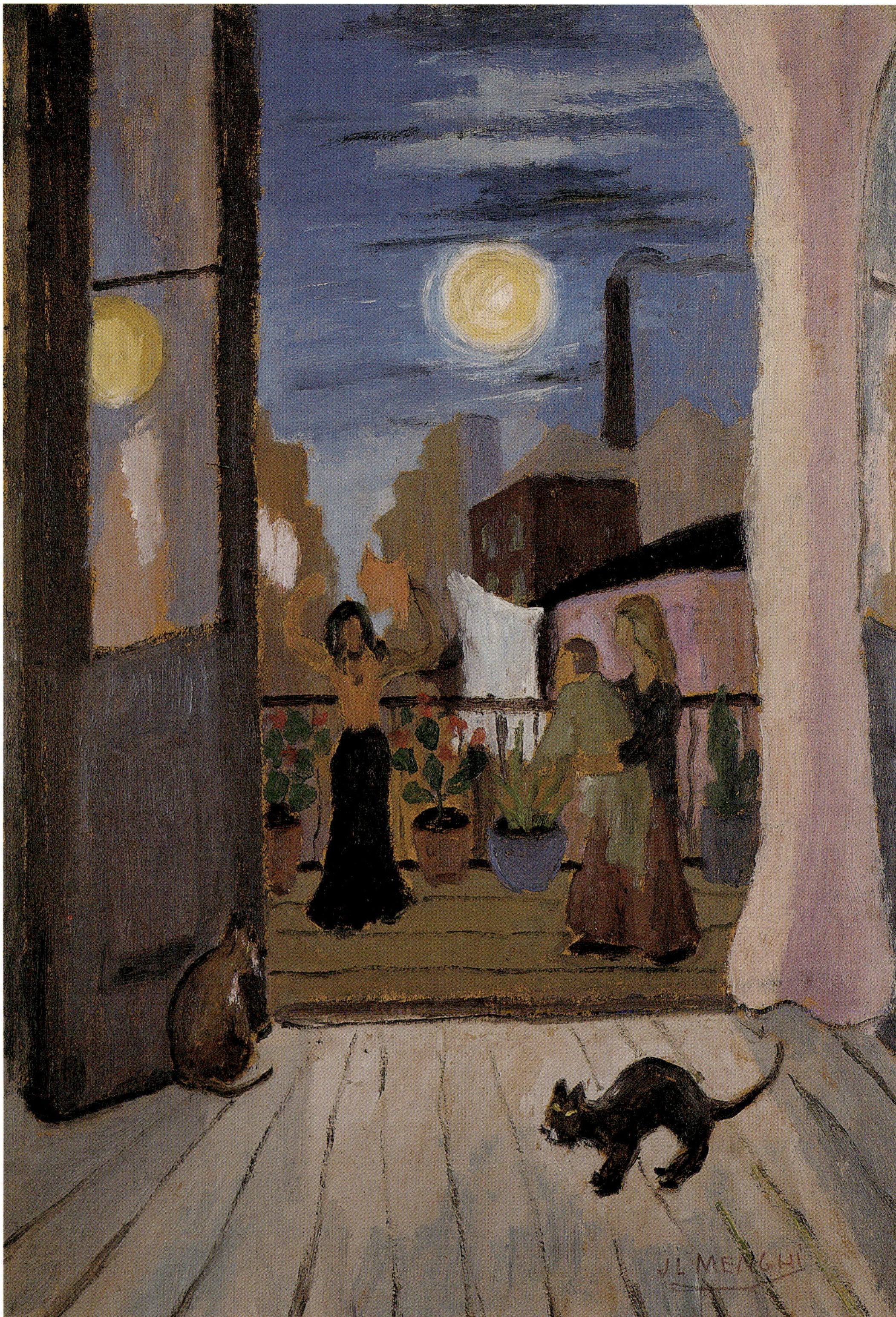

Nocturno
óleo sobre cartón
69,5 x 49,5 cm

José Luis Menghi
Obras

María Teresa Constantín

José Luis Menghi fue un artista sumamente prolífico, aunque se desconoce hasta el momento la cantidad total de obras que realizó. Quienes lo conocieron aseguran que en ocasiones realizaba varias obras diarias, lo que puede llevar su producción a cifras realmente sorprendentes. Por otra parte, si se tiene en cuenta que desde que su obra adquiere carácter público[1] el artista despierta el interés de los coleccionistas, y que los diversos premios obtenidos han permitido su ingreso en las colecciones públicas de diferentes puntos del país, es evidente que la dispersión de sus trabajos es también considerable. Para el público, la masa inmensa de obras realizadas por el artista permanece en el secreto anonimato de las colecciones e irán siendo conocidas poco a poco, en nuevas apariciones públicas. La identificación de sus obras es problemática: salvo aquellas presentadas en el Salón Nacional, muy pocos son los catálogos de exposiciones que incluyen algunas imágenes y nunca la totalidad de las obras aparece reproducida; en el caso de sus naturalezas muertas de flores y de sus interiores, el artista suele repetir los títulos, aumentado así las dificultades de identificación. La datación de las obras plantea un nuevo problema: rara vez el artista indica la fecha de realización, y es habitual en él tratar sus temas a lo largo de diferentes períodos para retomar más tarde temáticas que parecían abandonadas. Así, con las dificultades señaladas, encarar una catalogación definitiva de su obra aparece como una tarea titánica.
La intención de este volumen no es entonces realizar un relevamiento y catalogación exhaustivos de la obra del artista. Sin embargo, es un avance considerable en la medida en que el conjunto seleccionado constituye una importante y representativa muestra de su estilo[2], de los temas abordados por el artista y de las problemáticas que aparecen cuando el espectador se acerca a su producción.

La primera apreciación que surge en la consideración de su obra es la presencia de dos rasgos característicos: la justeza del color y la poca importancia que el artista concede a las formas, entendidas desde la normativa del aprendizaje de las academias. Todo lo que refiere al volumen de los objetos, a la construcción del espacio según la perspectiva aérea o lineal parece no ser una preocupación para el artista, seguro, por el contrario, de su capacidad para el uso del color. En sus trabajos, luego de un primer período[3] en que parece preferir una paleta baja, predominan los blancos, los grises, los rosas y celestes tenues, los lilas y los diferentes verdes: una obra luminosa marcada aquí y allá por puntos de intensos azules y rojos. "Nunca ensucié un color, nunca puse un tono que no corresponde, pues me preocupa que cada color sea el mismo. Cuando voy por la calle y veo tantos colores sucios, me duele", declara el artista[4]. Se trata, en general, de un color plano donde no existe el uso del claroscuro. En las naturalezas muertas el artista modela los elementos a través de la pincelada, es la materia coloreada la que indica la redondez de una fruta o la curvatura de un pétalo.

Tres son los grandes temas que Menghi aborda en sus obras: el paisaje, las naturalezas muertas y los interiores.

---

[1] *Sobre todo desde la exposición de* Impulso *en 1941, aunque, como sabemos, desde 1927 exponía regularmente en el Salón Nacional.*

[2] *Entendemos estilo en el sentido de Omar Calabrese: como "el conjunto de motivos que se convierten en atributos de un actor social", individual o colectivo.*

[3] *Tomando como referencia la obra del Salón Nacional.*

[4] *Zito Lema,* op. cit.

La figura humana, aunque presente en sus obras, no constituye un punto central en sus preocupaciones. Ausente la mayoría de las veces, cuando aparece ocupa un lugar secundario integrado a los grandes temas que señaláramos anteriormente. Así sucede con las desdibujadas y lejanas figuras que incluye en los paisajes naturales o los paisajes urbanos. En relación con la figura humana, el artista expresa: "No me atrae [...] creo que en un objeto, en una flor, una fruta, un mueble, puede decirse todo lo que un hombre contiene en su espíritu, en su vida, en sus movimientos"[5], declaración que, además, nos indica una reflexión más honda, más allá de la presentación "fiel" de los elementos de su obra.
Una referencia especial merece el retrato de Raquel San Martín –asistente material y sostén afectivo del artista–, cuya presencia se revela repetidas veces entre los objetos del taller, y a la que nos referiremos más adelante.
La pintura de paisajes ocupa un lugar de importancia en la producción de Menghi. Sus paisajes urbanos refieren al barrio: la Vuelta de Rocha vislumbrada a lo lejos, los mástiles de los barcos, los galpones de los astilleros, la cúpula de la iglesia, una esquina con calesita y, repetida en diversas ocasiones, la curva de la vía del tren que llega a La Boca. Muchos son nocturnos que, según la tradición de los relatos, se deberían a su condición de asalariado que utiliza las horas del descanso para la pintura.
La curva de la vereda en una esquina, una calle en diagonal son recursos que el artista utiliza para indicar el espacio; luego, las casas y conventillos son ubicados en diferentes planos de profundidad. En 1944 la gravedad de los acontecimientos internacionales lo invade y en el Salón presenta *Nocturno europeo*, un paisaje urbano marcado por las ruinas.
Los paisajes naturales evocan la Isla Maciel, el Dock Sur, los descampados y quintas de los alrededores de Avellaneda y los viajes al interior del país durante los cuales visita San Luis, Mendoza, Corrientes y sobre todo Entre Ríos[6]. Aparecen así campos con vacas, bordes de ríos y botes con pescadores: el motivo de agua y la pradera, en una misma obra. Los recursos plásticos son los mismos, la curva del río o una colina cortan la obra en diagonales o zigzags que sirven para indicar la profundidad del espacio. A veces, su interés por las flores le otorga particular importancia al azul de los cardos, esos mismos cardos que extrae luego del paisaje para otorgarles el protagonismo del primer plano en una naturaleza muerta.

La naturaleza muerta, o vida un instante detenida –en la más acertada denominación de las lenguas anglosajonas–, ocupa un lugar central en la obra de Menghi y va a constituir durante casi toda su carrera uno de sus temas predilectos. Género que alcanza gran difusión en la segunda mitad del siglo XIX y la primera del XX, es abordado por Menghi en sus diferentes formas: mesa de artista, mesa heterogénea –con acumulación de objetos, frutas y flores– y la naturaleza muerta de flores, en particular, que concentra la mayor parte de su producción. En éstas últimas, el artista parece haber conjugado las dos diferencias que Charles Blanc, un teórico francés del siglo XIX, marcaba entre los pintores: los que las pintaban por amor a las flores y los que lo hacían por amor a la pintura y veían en ellas sólo una mezcla de tonos para seducir la mirada. Menghi realiza una descripción precisa de las flores: dalias, girasoles, lirios azules, lirios blancos, amarilis, gladiolos, tulipanes japoneses, margaritas, alelíes, calas, pensamientos, amapolas, cardos y muchas más que hacen casi un catálogo de especies.
Según el relato de Gulias[7]: "Menghi no pinta las flores recién cortadas, frescas. Deja que, espera que se acomoden [...] en su búcaro, en su jarrón, en su vaso, en su frasco. Que tomen su lugar. Las pinta no en su ingenua lozanía, sino cuando conocen [...] su destino. Y el artista las refleja, no en una actitud de resignación, sino de serena aceptación del propio papel; en el esplendor de la belleza próxima ya al ocaso". Así aparecen esos contrapuntos entre las rectas verticales del florero y la curva melancólica de un capullo rojo que se repliega hacia la base o la concavidad sedosa de los pétalos de lirios y gladiolos.
Casi todas las naturalezas muertas de Menghi incorporan las flores; incluso en sus interiores, la obra parece girar en torno de un ramo o una flor. Pero es en las naturalezas muertas de flores, y sobre todo en su singular formato vertical, donde el artista parece trabajar con mayor seguridad. Las dificultades que le plantea la construcción del espacio no existen: ahora son el florero y la masa floral los que ocupan la totalidad de la obra, y el fondo se neutraliza en gamas casi transparentes para recibir el color. Son la blandura de una flor, la

[5] *Del Castillo, Laura*, op. cit.
[6] *Zabatta, Gioconda de*, op. cit., *p. 78*.
[7] *Gulias*, op. cit., *p. 69*.

sensualidad de un toque curvo y la pureza aguda de un pétalo y de un tallo vertical los que organizan la composición y abrazan el formato.
Es indudable que, como en todas las naturalezas muertas, las de Menghi comportan un contenido que va más allá de la representación banal de objetos: entre miles posibles, él escogió unos –una tajada de sandía, un libro, una pipa, una granada, jaulas con pájaros– y los hizo pintura. Son portadores de información, sentimientos, ideas, personalidad, cultura, datos del entorno y de su pensamiento. El lirio es la flor, pero también la pureza virginal a la que está asociado. El retrato de Raquel[8], repetido innumerables veces en el rostro desdibujado de una mujer de cabellos blancos, aparece como el reconocimiento callado a su sostén, una leve presencia en sombras que quiere hacer presente en su vida, en estas pinturas que son un retrato de sí mismo.
Los interiores, la pintura del taller de artista que se abre al barrio, aparecen cercanos a los interiores de Lacámera. Sin embargo, la diferencia es abismal; mientras que éste buscaba el recorte nítido de los objetos, la construcción pura del espacio, en Menghi priman los campos de color, la superficie blanca de una mesa con mantel, el corte de los rojos, verdes y azules de una sandía o un lirio. El lugar central lo ocupa la naturaleza muerta y se puede afirmar que el interior es tratado como una naturaleza muerta: las figuras humanas que introduce en ellos son sólo un dato en el conjunto. Frutas u objetos familiares, secos, deformados, con una rigidez en que se muestra su poca preocupación por brindar una imagen fiel a la realidad y en la que el objeto está allí sólo como parte del marco. Así, el tratamiento que el artista da a los interiores los transforma casi en un subgénero de las naturalezas muertas.

Muchas de las obras de Menghi permiten ver el trazo de lápiz sobre el soporte, indicio probablemente de un modo de trabajo en el que primero se plantaba un contorno que recibía luego el color. Los fondos desnudos del soporte, también visibles, son incorporados a la obra como parte de las transparencias. Alejandro Caraduje[9] nos señala la manera en que el artista usaba la materia, muy poco diluida, al punto que necesitaba apoyar considerablemente el pincel para arrastrarla sobre el soporte. De ahí, seguramente, su predilección por los soportes rígidos: el hardboard, la madera, los diferentes papeles sostenidos sobre el tablero, que ejercen una resistencia al pincel, a diferencia de la tela, que se combaría al peso y la presión de la mano.

Señalábamos anteriormente la preferencia, durante los primeros años, de cierto tipo de color. Ahora bien: ¿es posible indicar una cronología en la producción plástica de Menghi? Por diferentes elementos que ya hemos señalado es evidente que no. No obstante, sí podemos identificar su voluntad de presentarse frente al público a través de determinadas obras. En efecto, cuando un artista envía una obra al Salón está realizando una elección. En esta línea de pensamiento podemos observar que desde 1927 hasta bien avanzados los años '40, Menghi envía al Salón Nacional casi exclusivamente paisajes. En 1948, unas flores que no podemos identificar; en 1952, una naturaleza muerta, también sin imagen en catálogo. En 1954 recibe la Mención Honorífica por *El lirio blanco*, ahora sí reproducido: claramente una naturaleza muerta con múltiples objetos y la insistencia en el lirio que pone a través del título. De allí en más la preferencia por las naturalezas muertas para el Salón se mantiene hasta la década del '60, en la que comienza a introducir el tema de los interiores, con alternancia de mesas de trabajo en los '70.

Menghi trabajó durante un largo período del siglo XX inmerso en las particulares circunstancias de este país; no es ni un mártir ni un genio, su obra y su actuación, así como la de muchos de sus compañeros, son parte de la historia socio-cultural del país y merecen, sin lugar a dudas, ocupar el lugar que les corresponde.

[8] *La artista plástica María D'Avola, que compartió con el artista el libro* 16 pintores de Avellaneda, *de G. de Zabatta, habitaba el mismo edificio que Raquel San Martín y recuerda cómo Menghi descargaba todas las preocupaciones materiales, venta, encargos, elección o desplazamiento de obras, sobre el criterio de aquélla, quien con absoluta generosidad se ocupaba hasta del mínimo detalle.*

[9] *Restaurador con notable experiencia en el tratamiento de las obras de Menghi.*

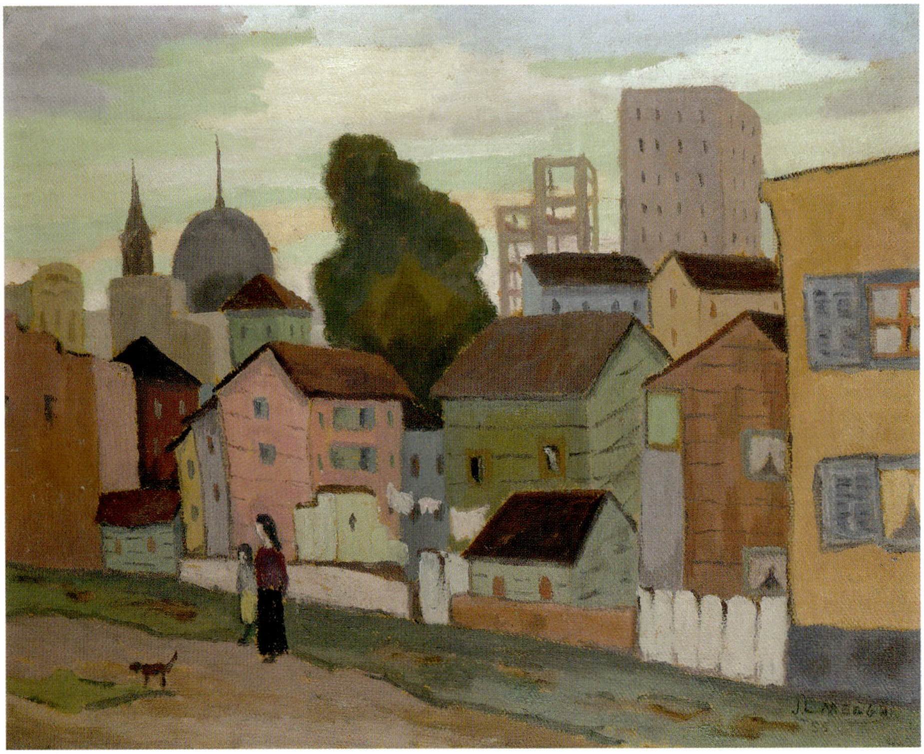

Paisaje de La Boca, 1955
óleo sobre cartón
54,2 x 69,5 cm

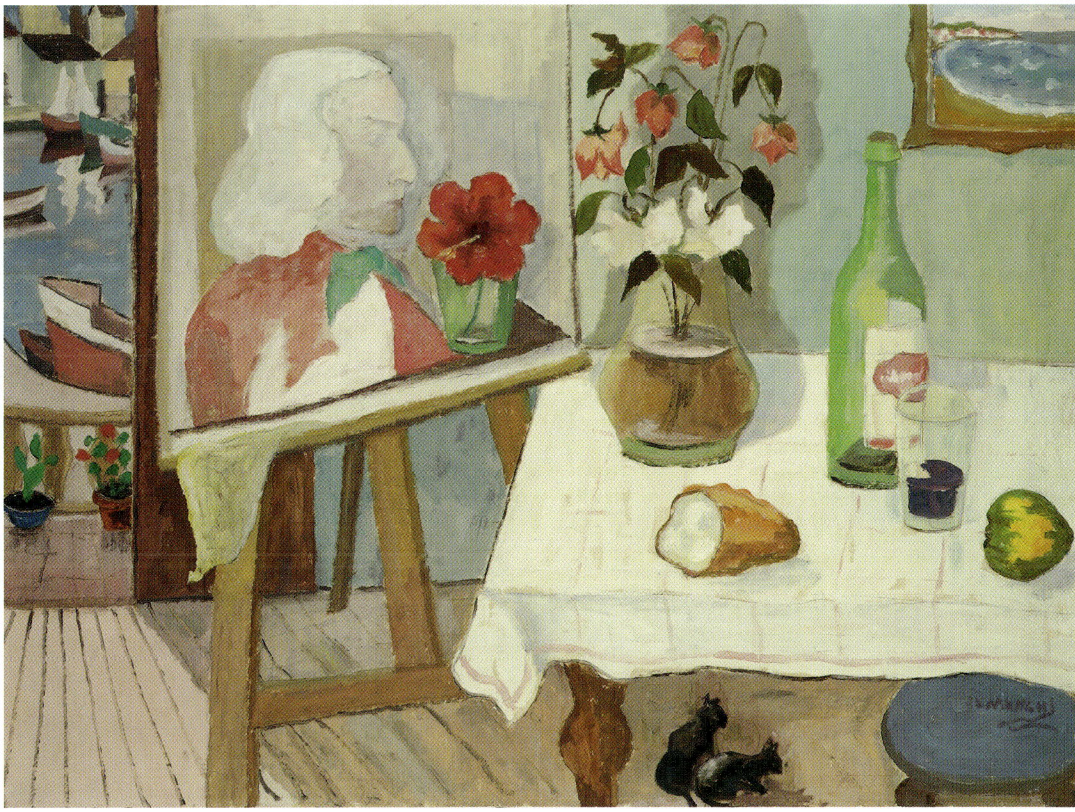

Mi estudio, 1955
óleo sobre hardboard
72,4 x 99,8 cm

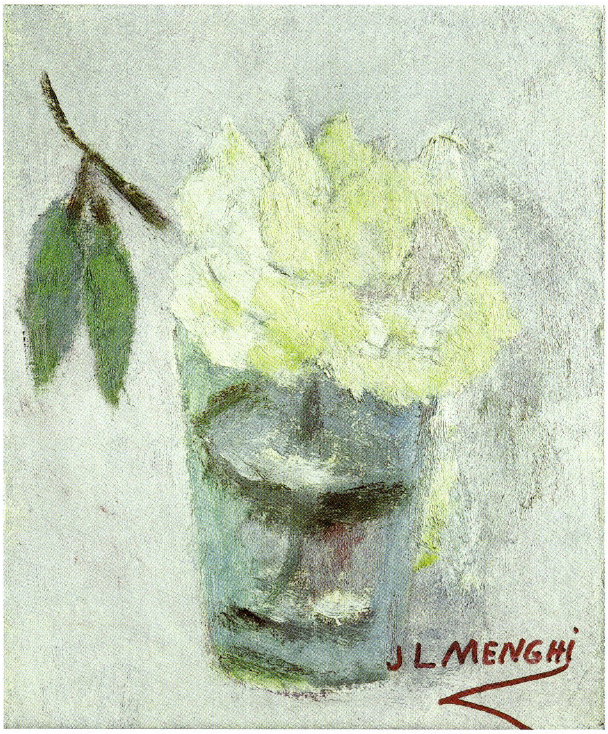

Rosa blanca
óleo sobre cartón
23,3 x 19 cm

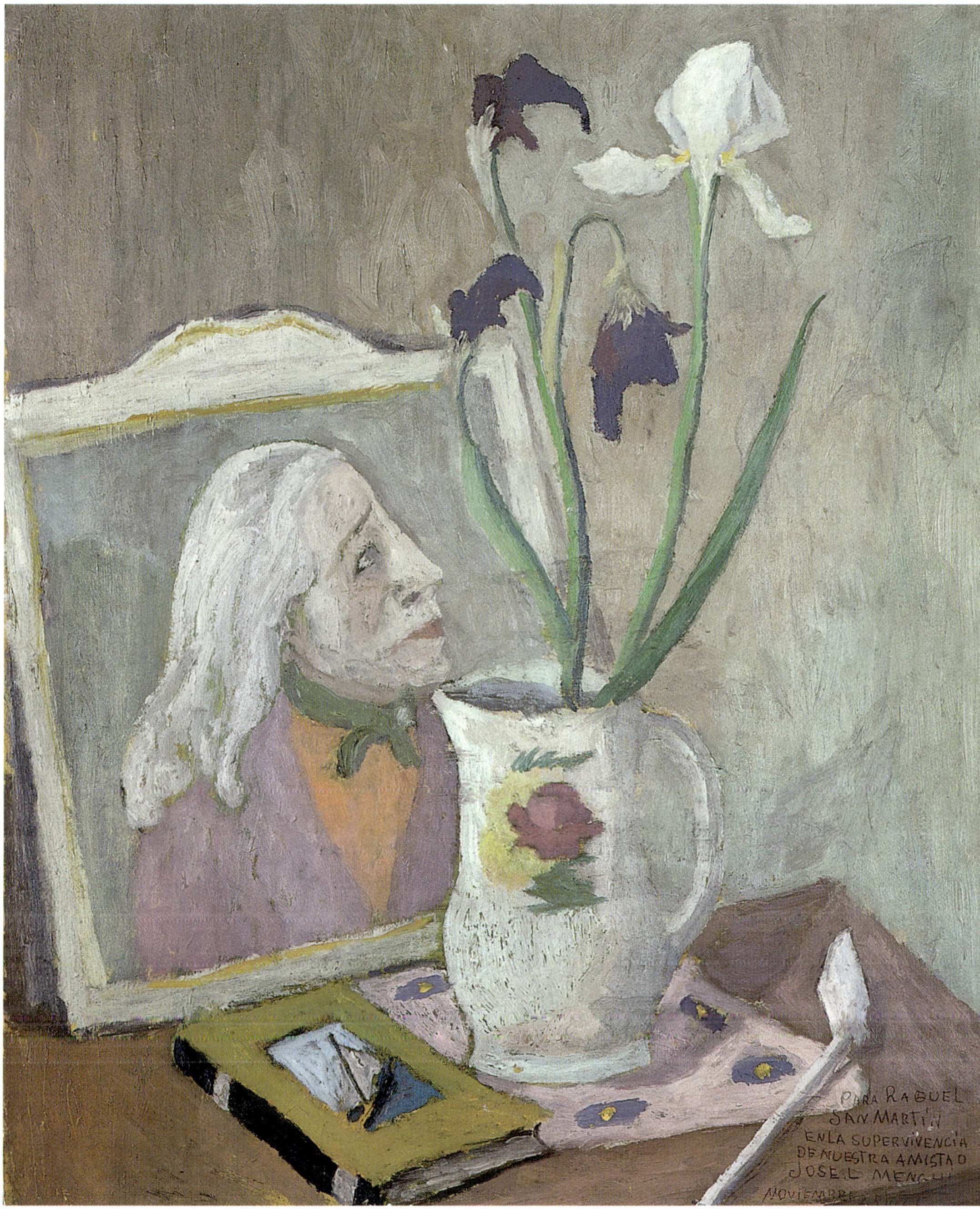

Retrato de Raquel con lirios, 1955
óleo sobre cartón
57,7 x 47,5 cm

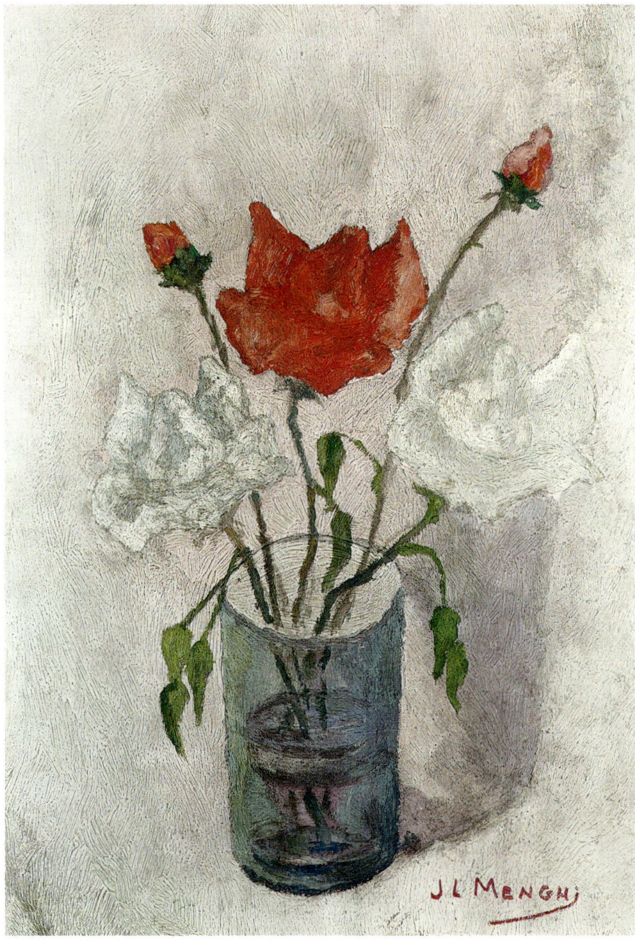

Vaso con flores
óleo sobre hardboard
40,2 x 28,8 cm

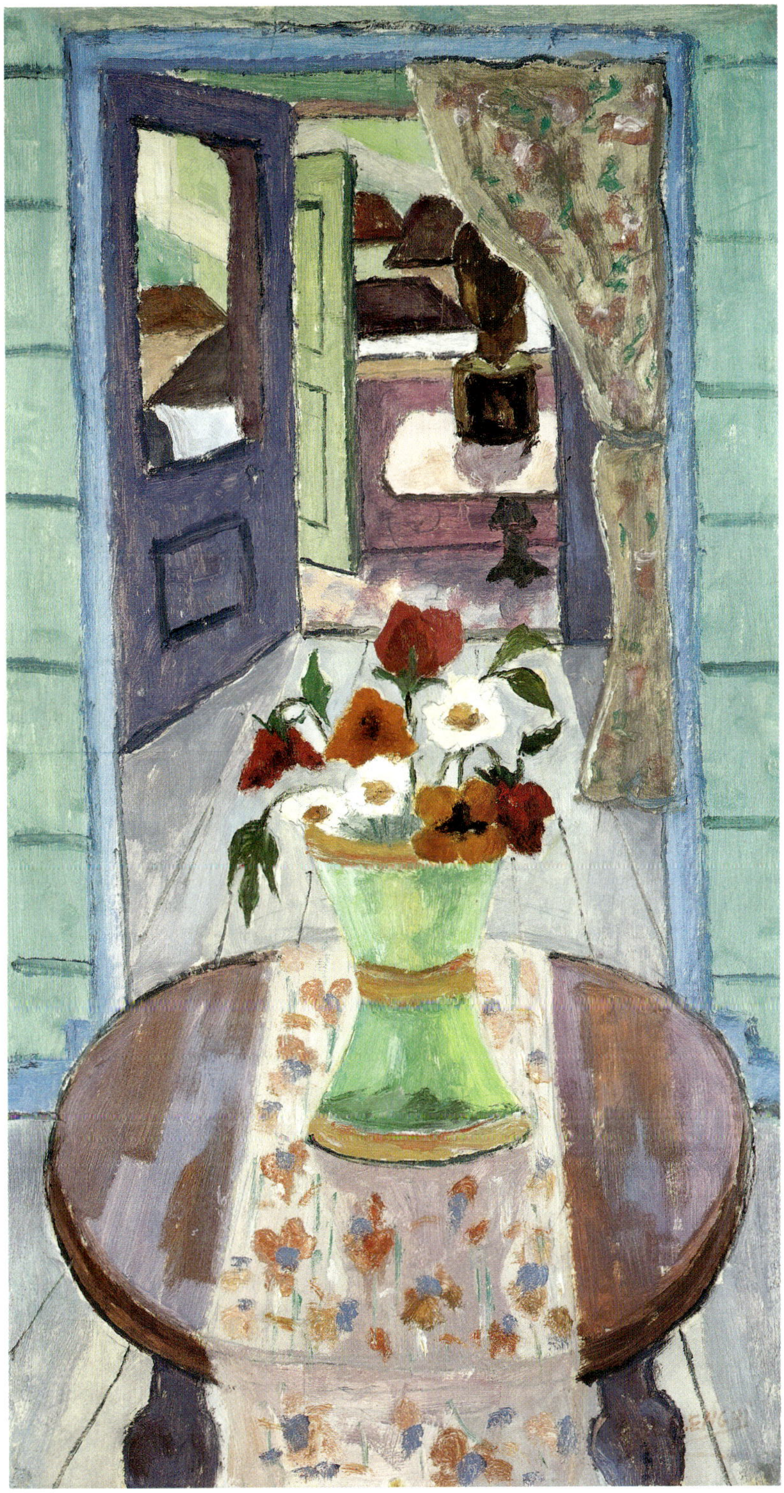

Cortina floreada
óleo sobre papel sobre hardboard
75,2 × 40,3 cm

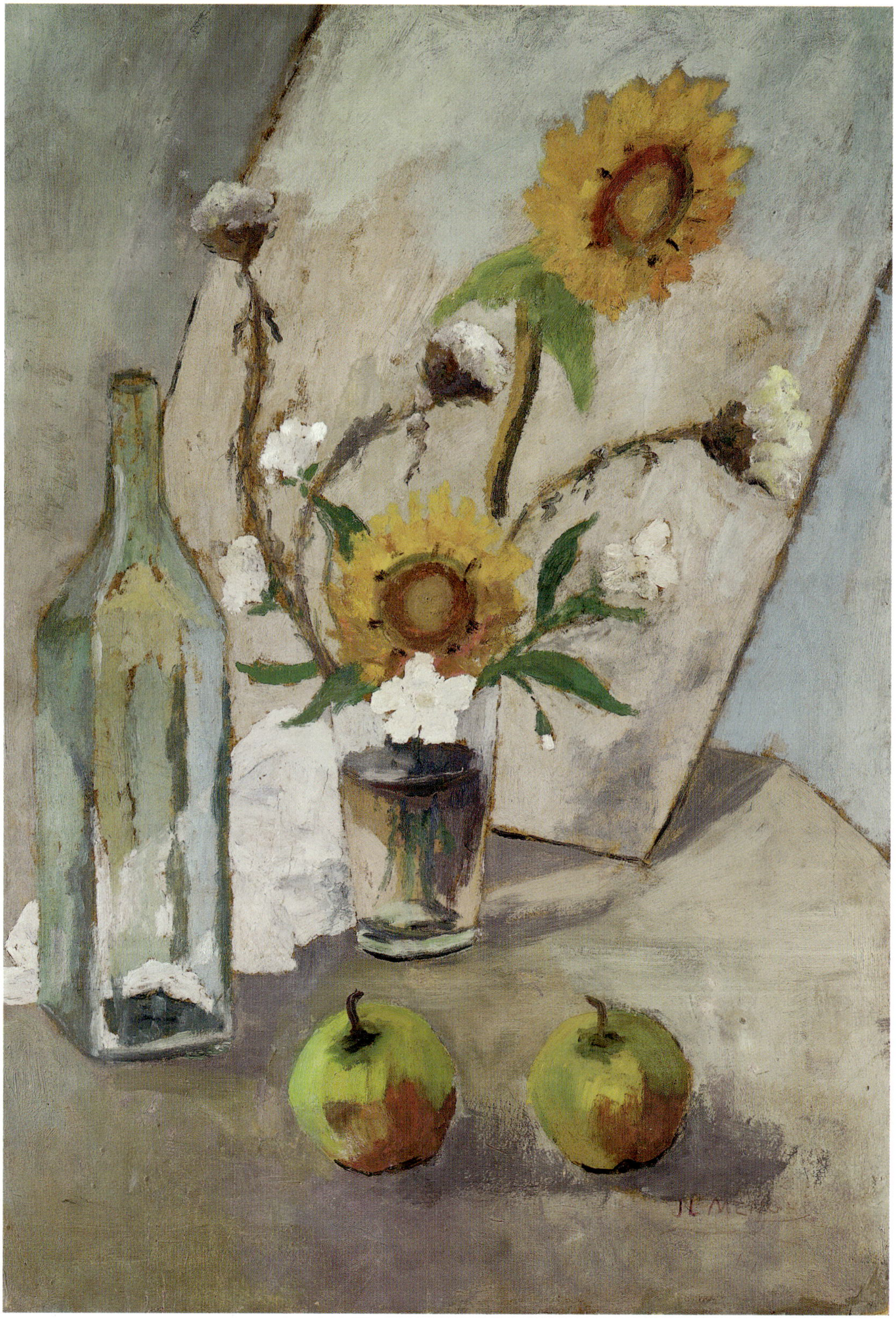

Naturaleza muerta con flores
óleo sobre cartón
68,8 x 48,5 cm

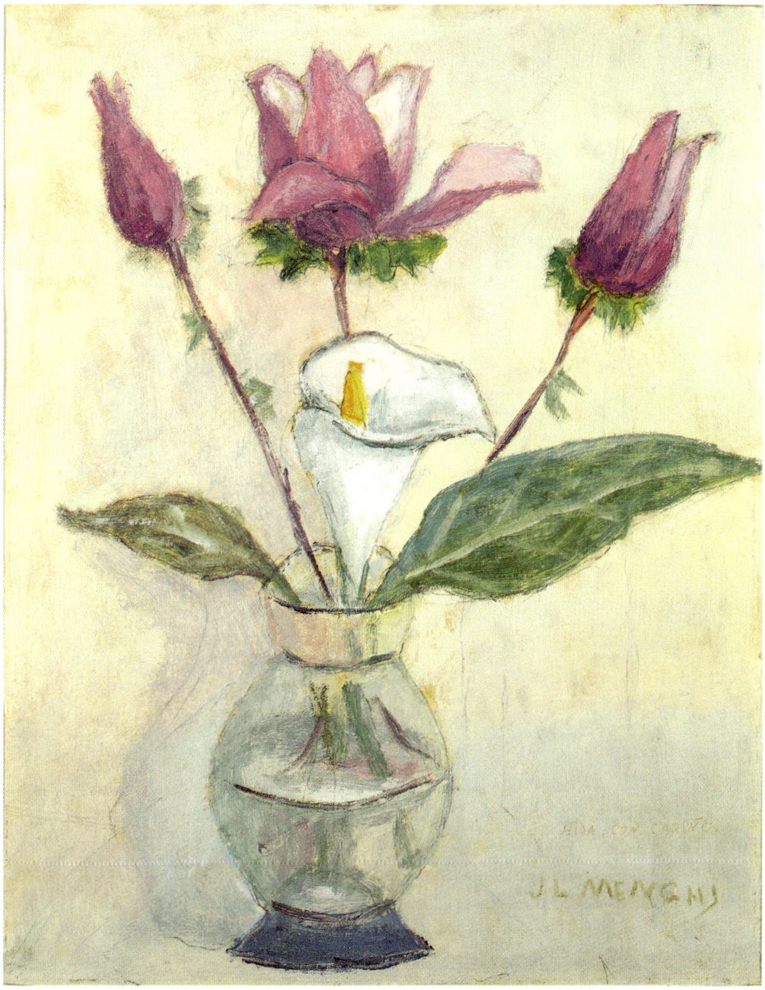

Tulipanes japoneses, 1975
óleo sobre cartón
49,8 x 39,8 cm

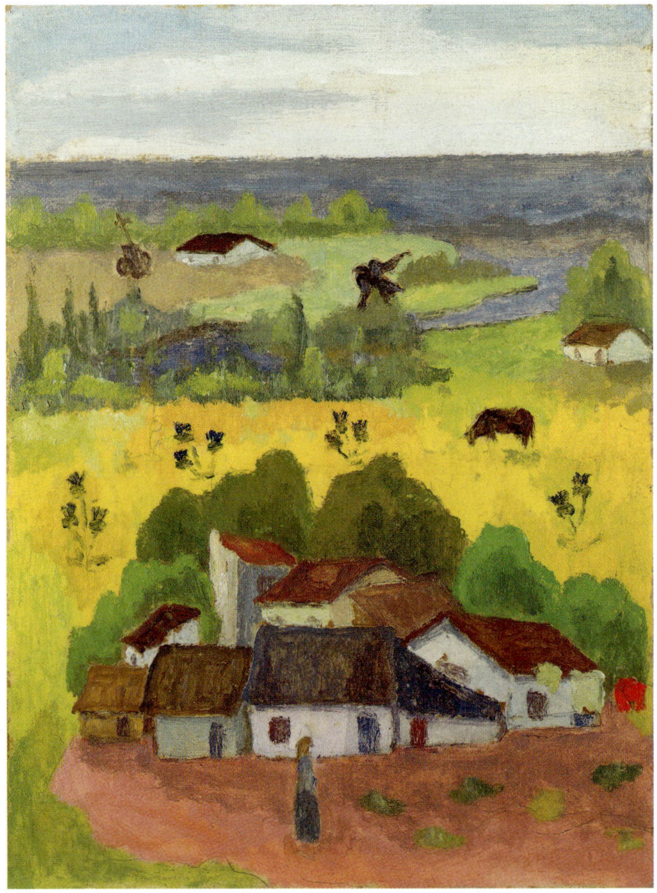

Paisaje costero, Entre Ríos, 1950
óleo sobre papel sobre hardboard
64,4 x 48,4 cm

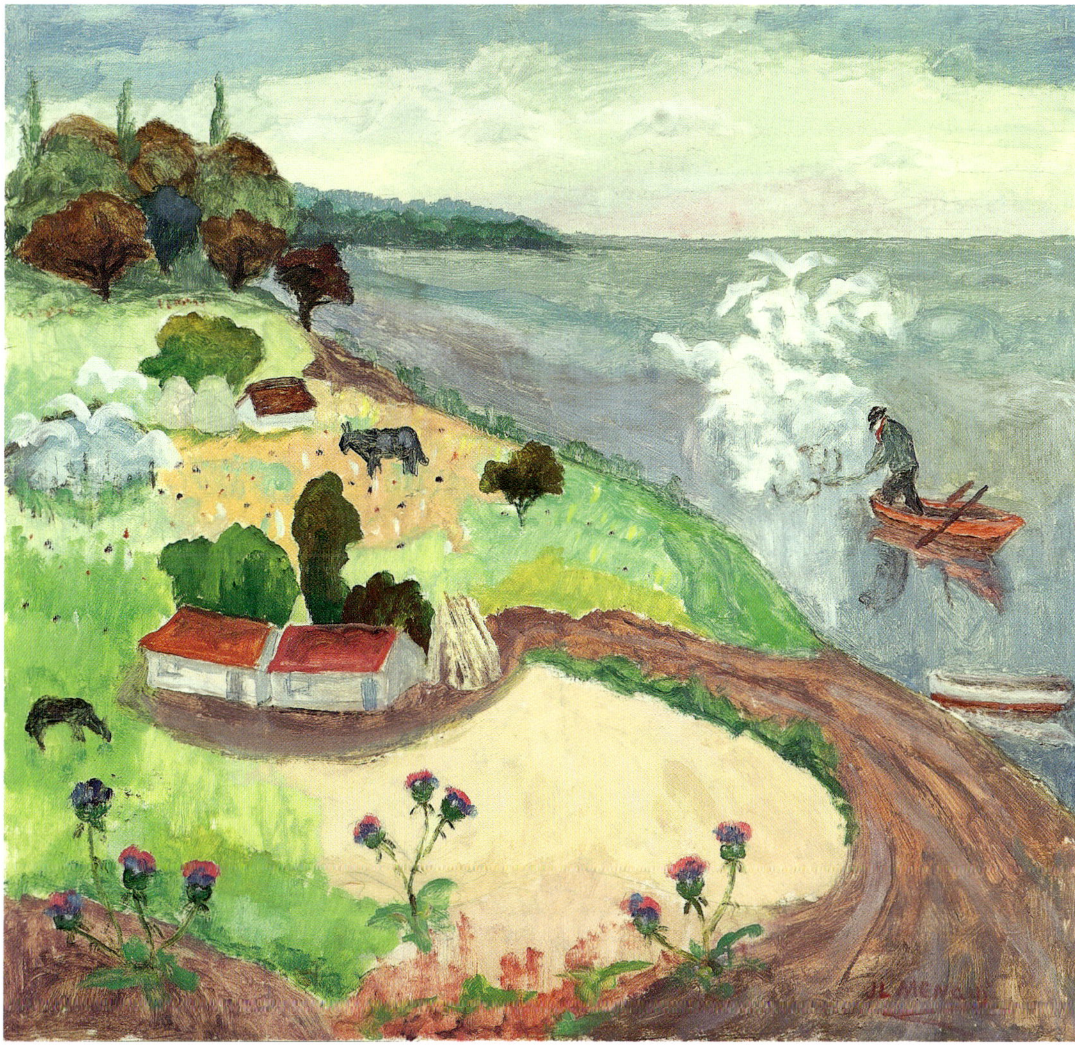

Paraná, 1958
óleo sobre hardboard
70,3 x 75,5 cm

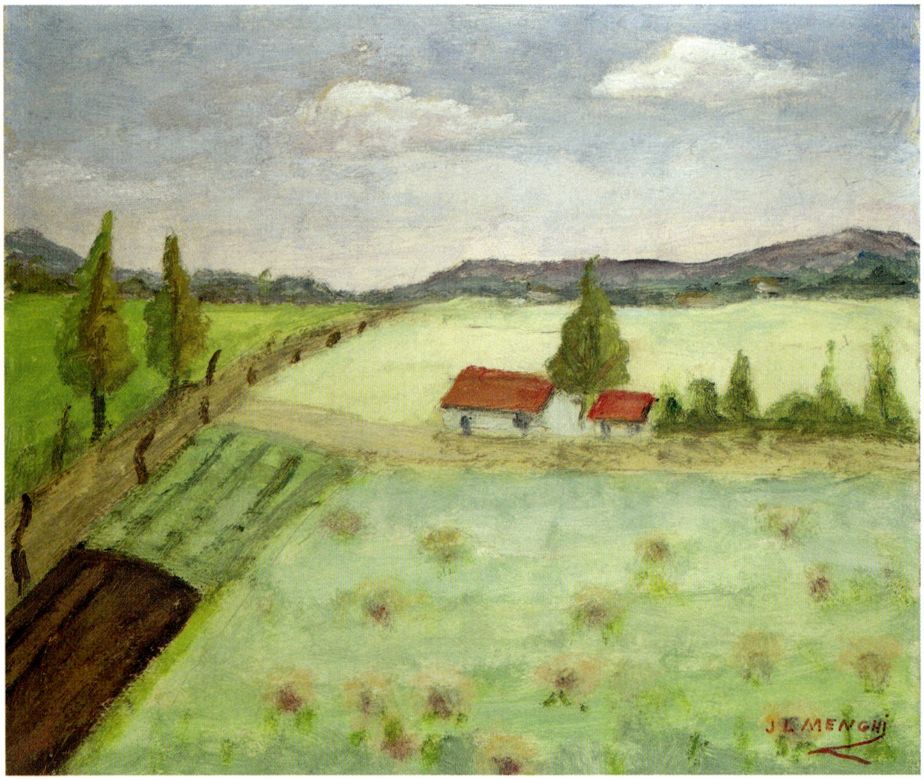

Paisaje de Entre Ríos, 1958
óleo sobre papel sobre cartón
35,7 x 41,8 cm

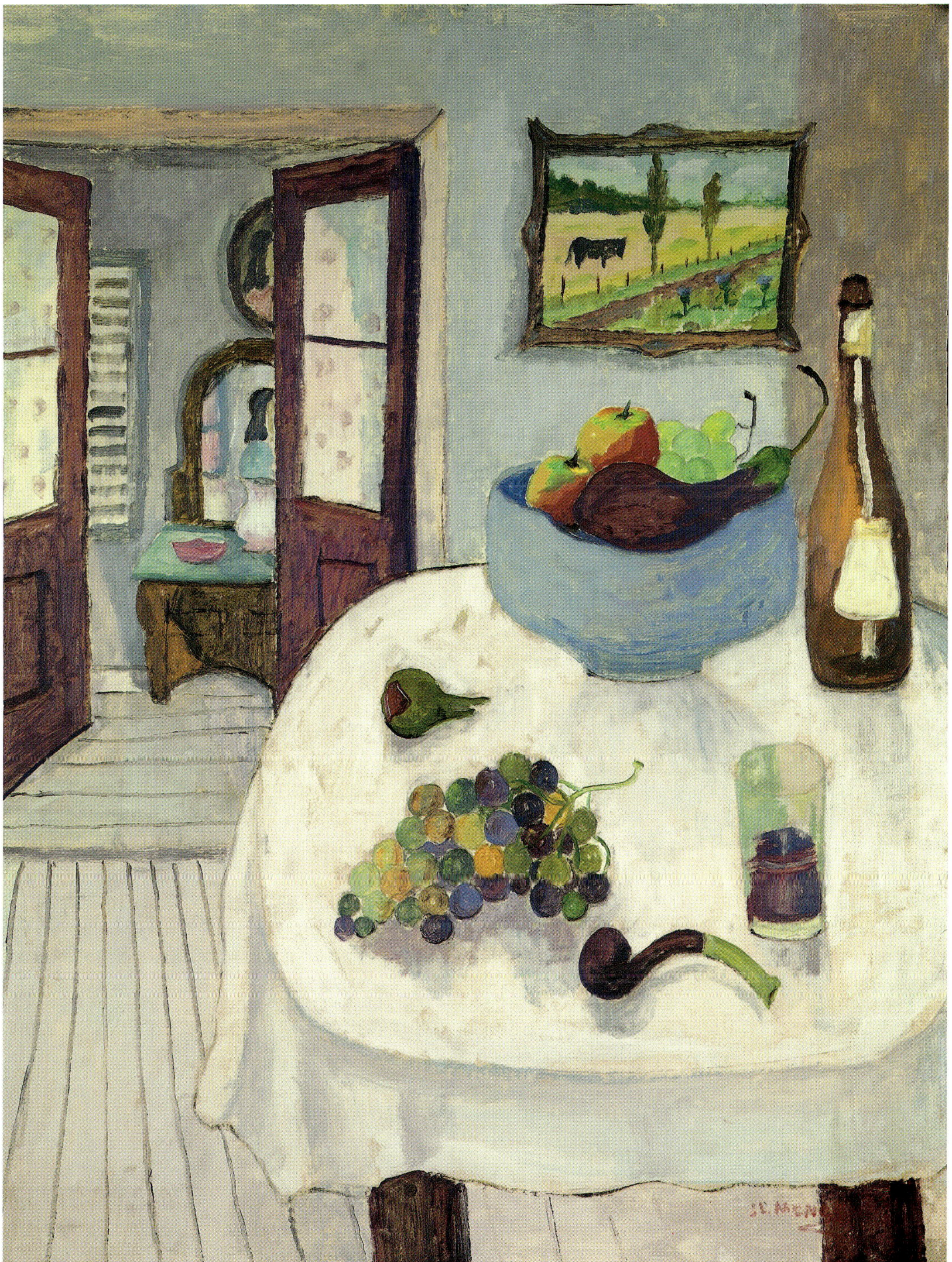

Interior con uvas
óleo sobre papel sobre hardboard
104 x 80 cm

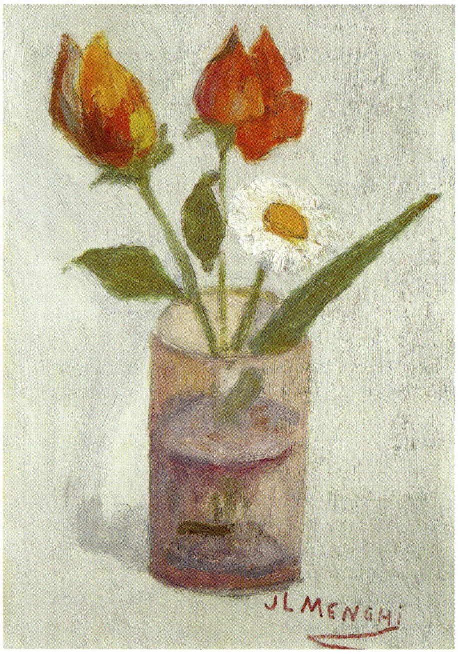

Capullos y margarita
óleo sobre cartón
34,4 x 24 cm

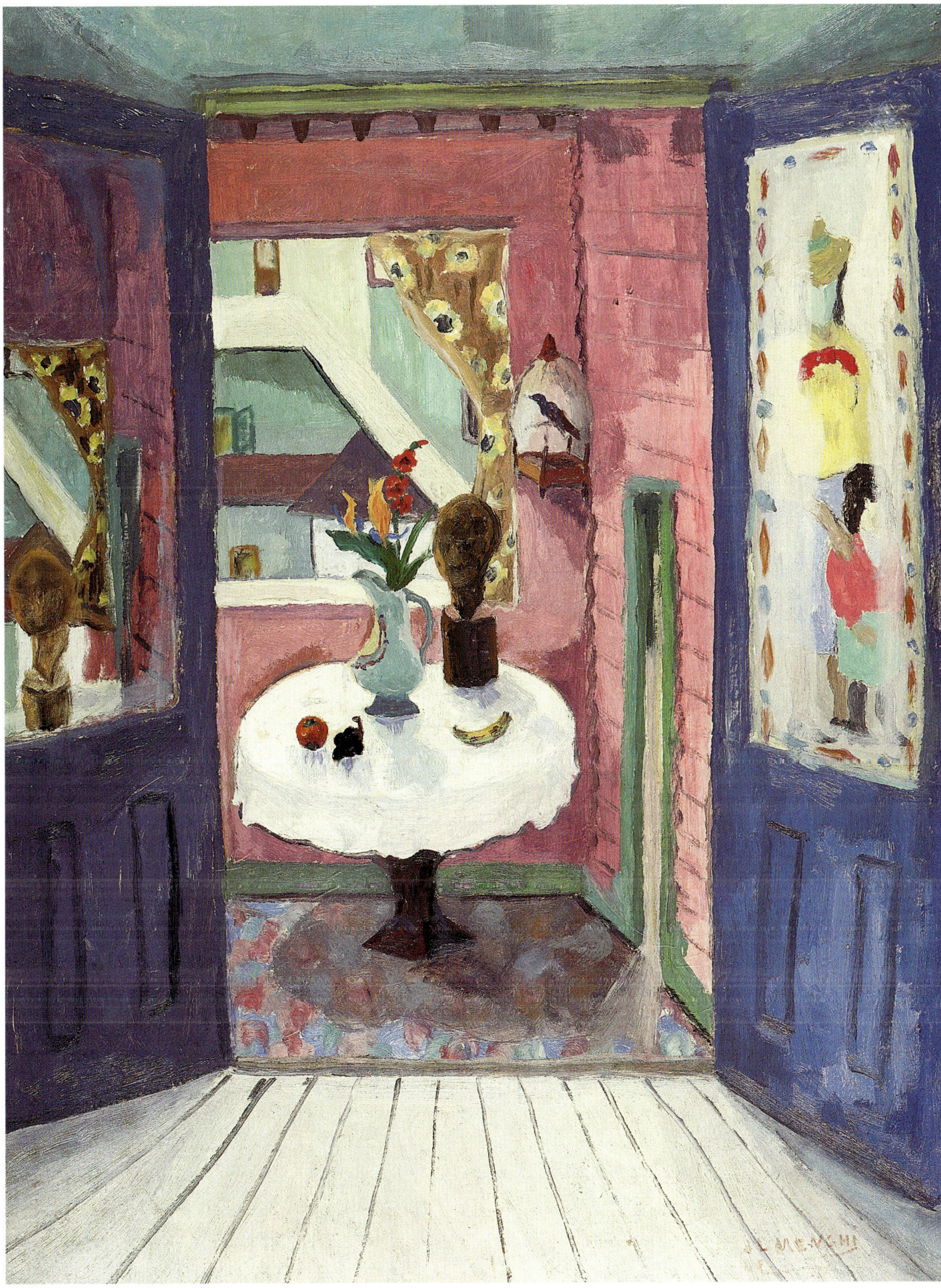

Jardín de invierno, 1960
óleo sobre hardboard
98,5 x 76 cm

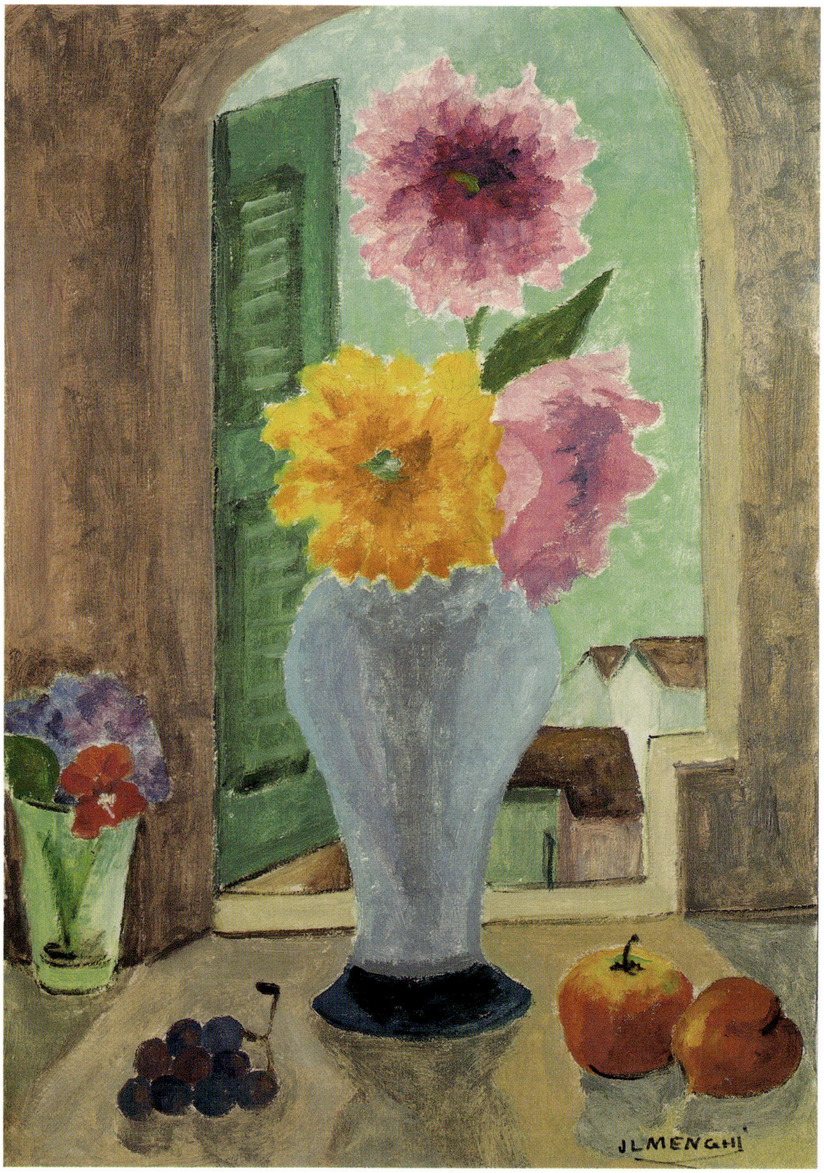

Interior con arcada, 1963
óleo sobre cartón
69,5 x 49,5 cm

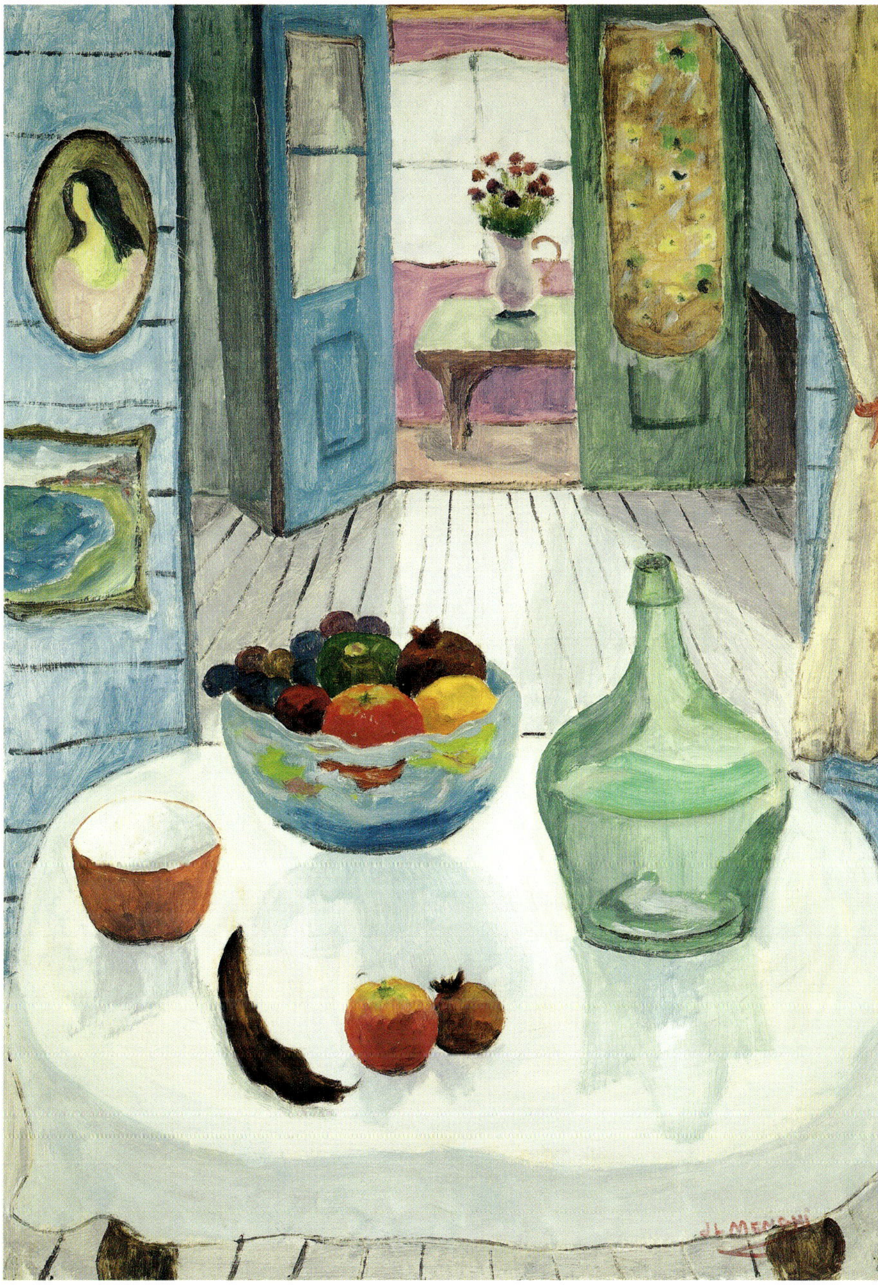

El botellón, 1965
óleo sobre papel sobre hardboard
99,8 x 71,1 cm

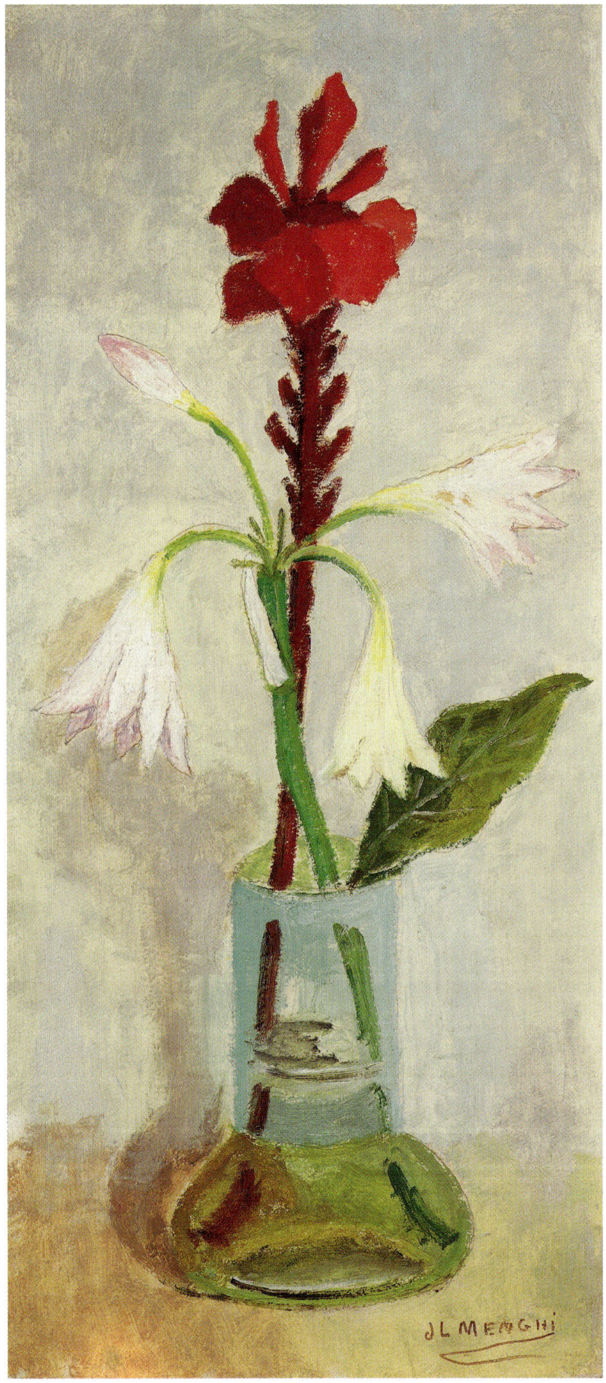

Flores, 1967
óleo sobre cartón
69,5 x 30,9 cm

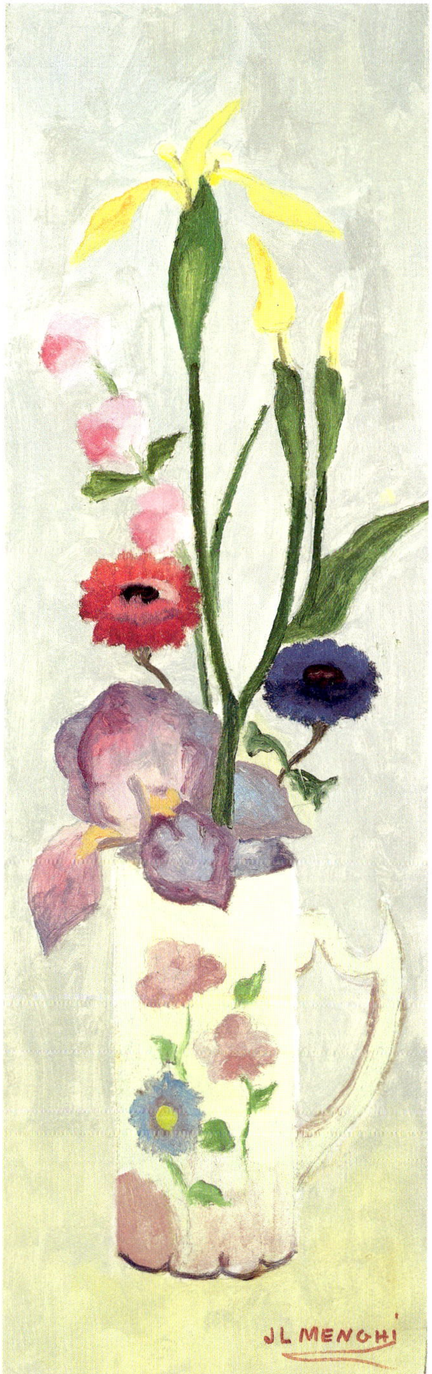

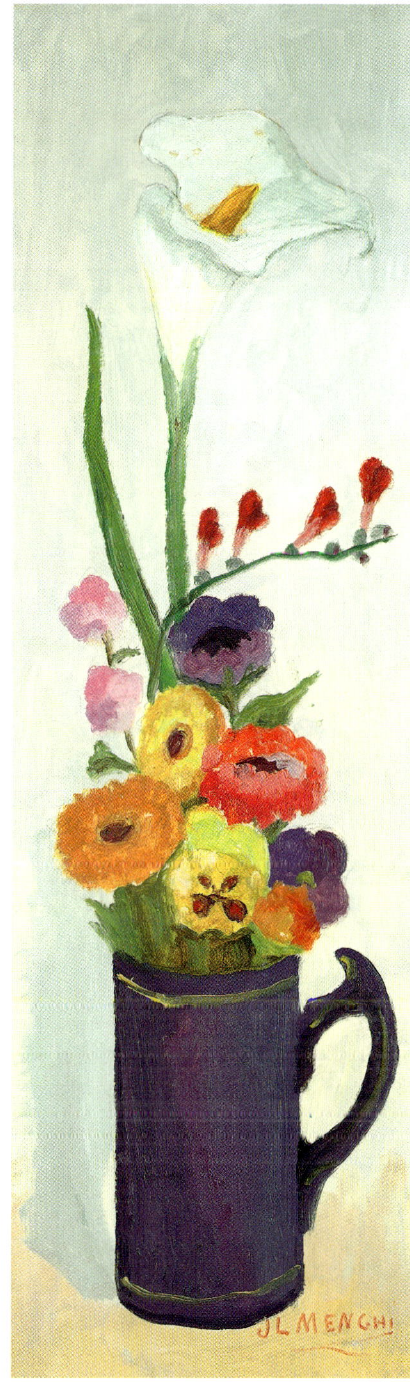

Lirio amarillo
óleo sobre cartón
70,3 x 22,1 cm

Jarrón azul
óleo sobre cartón
70 x 21,3 cm

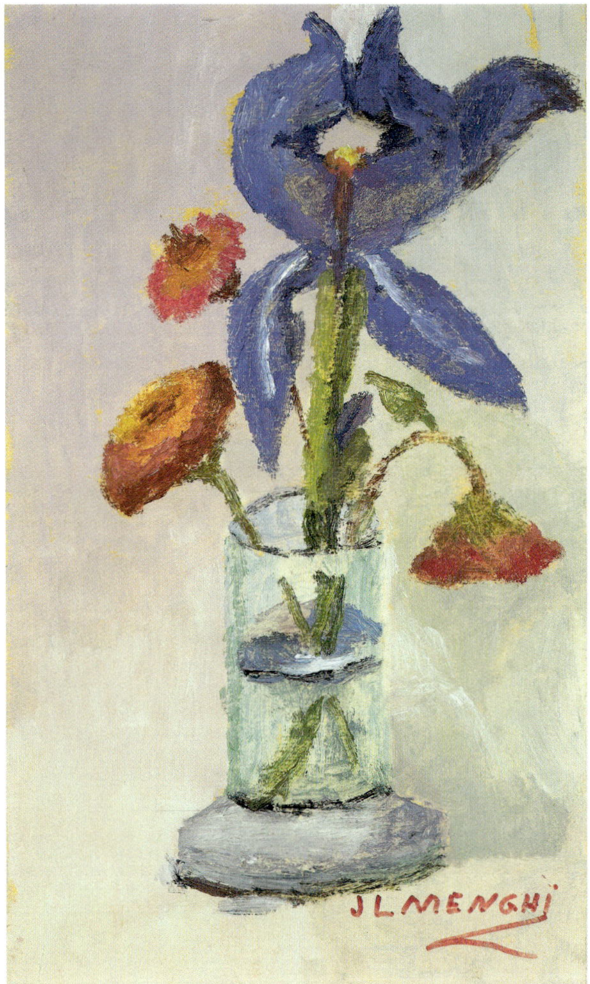

Lirio azul
óleo sobre cartón
41,3 x 23,9 cm

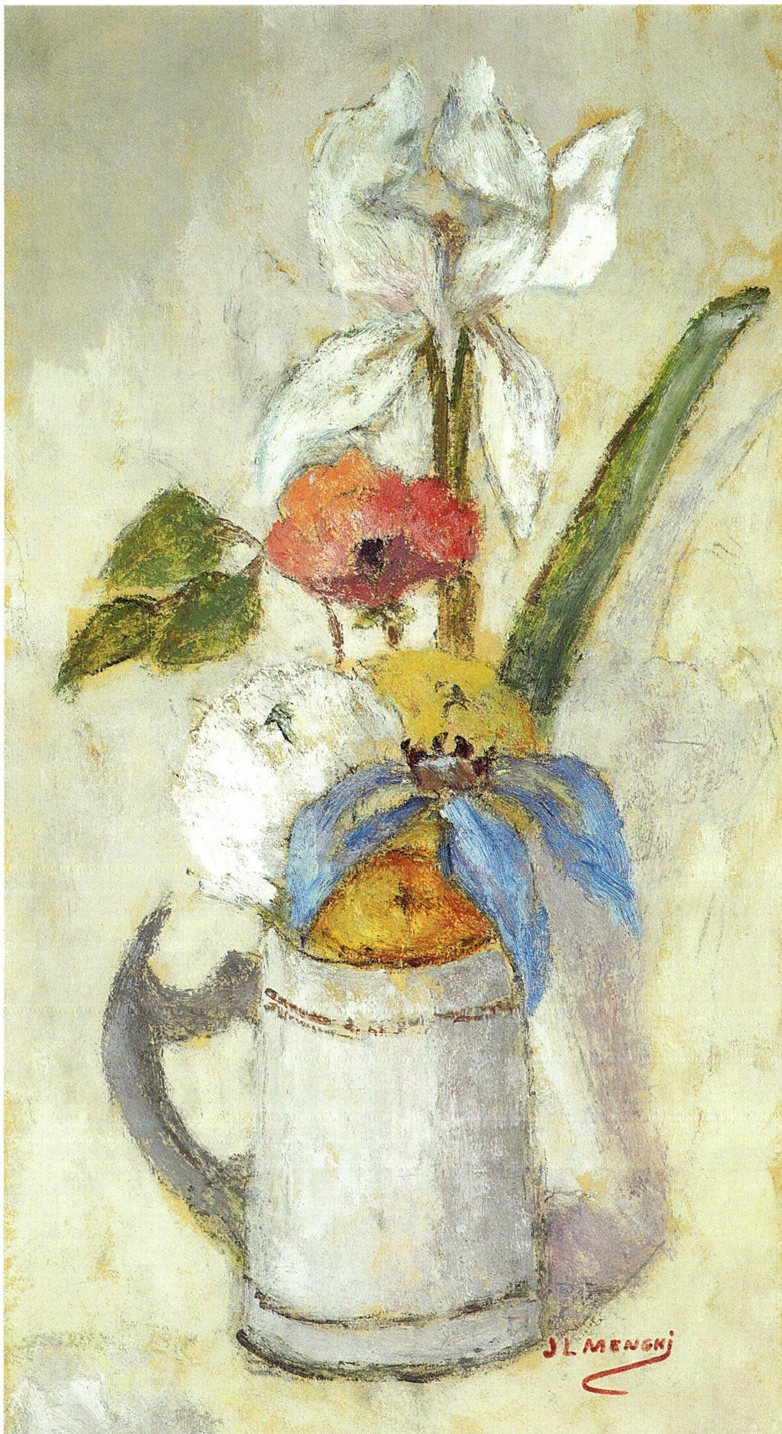

Florero blanco
óleo sobre papel sobre cartón
51 x 27 cm

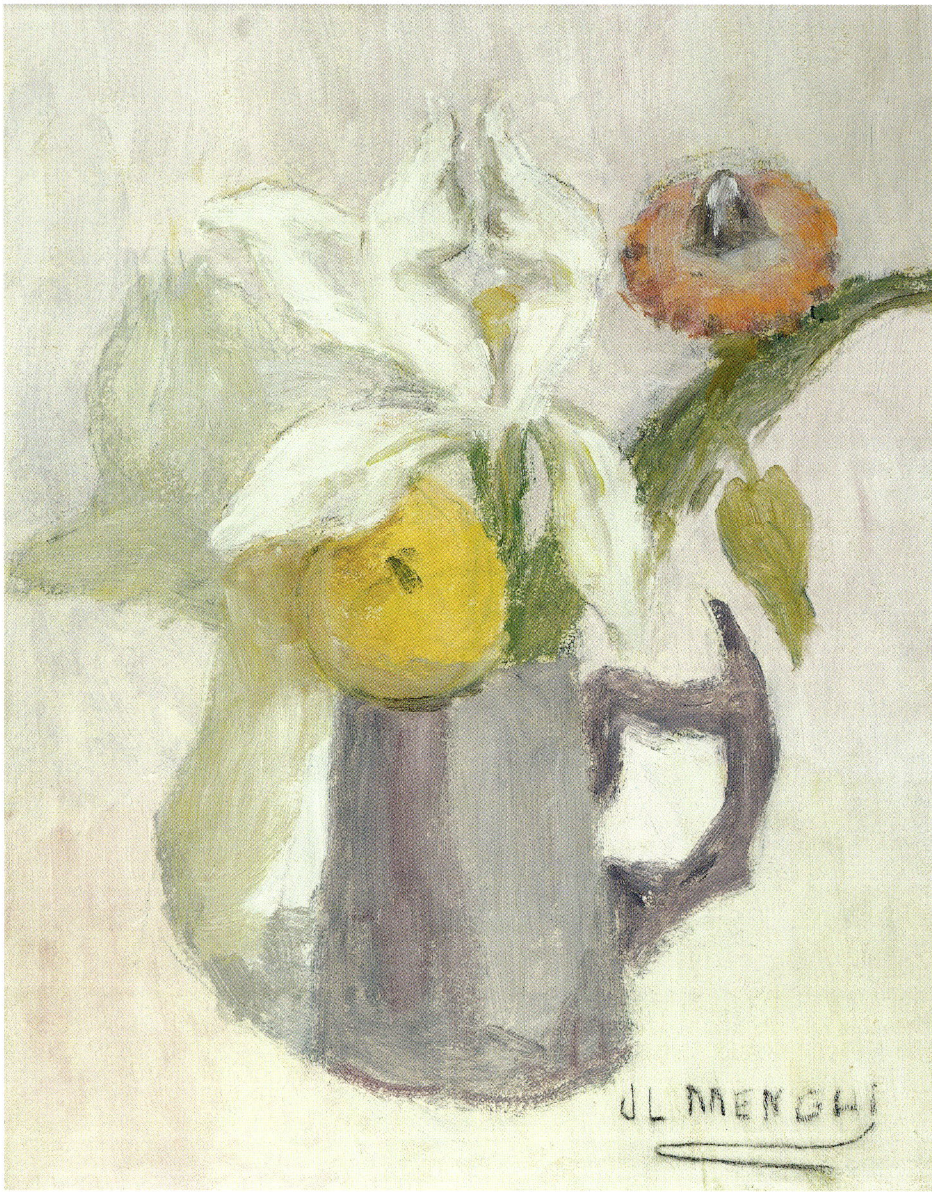

El lirio blanco
óleo sobre cartón
42,5 x 33,1 cm

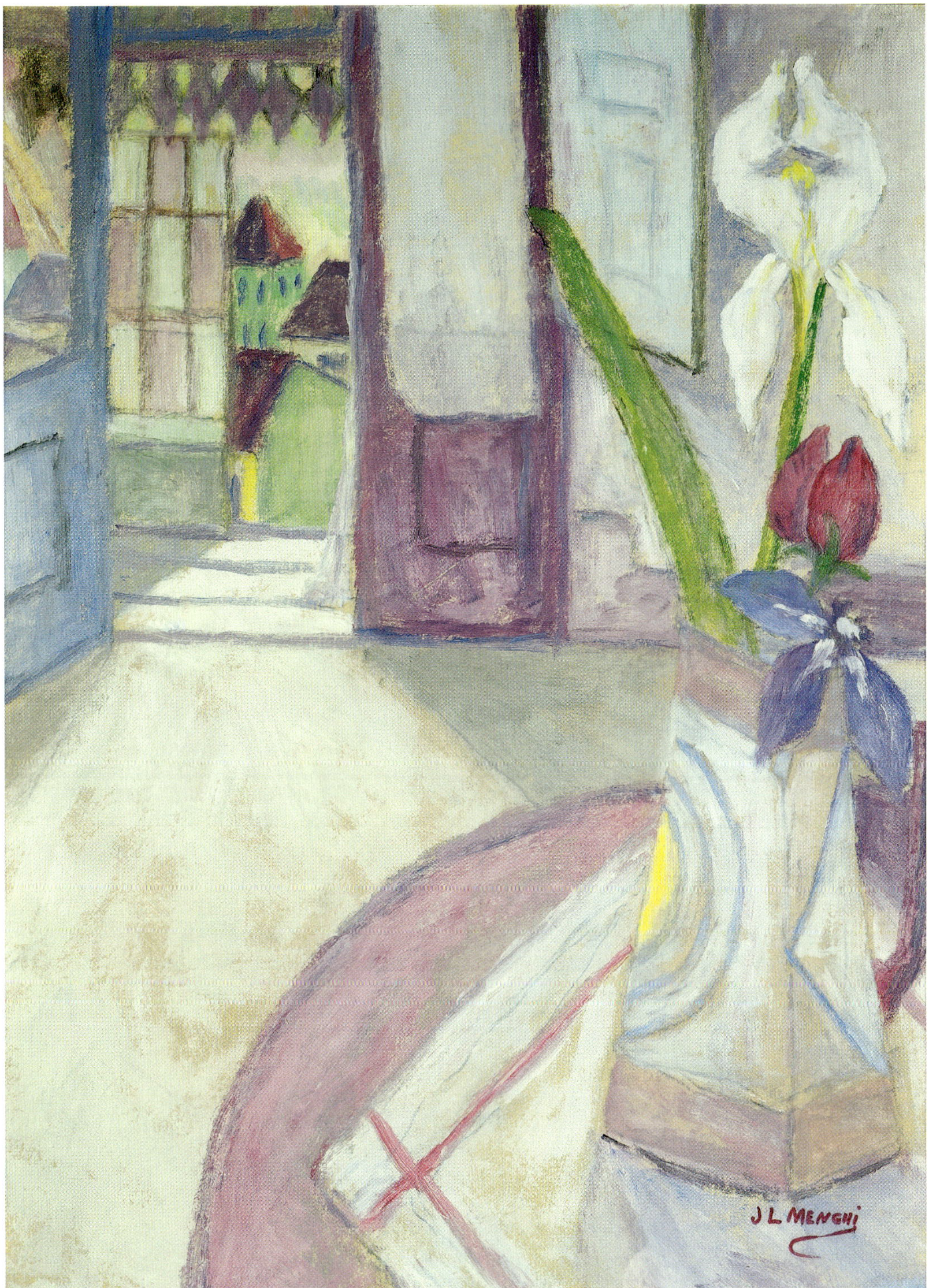

Interior con lirio blanco
óleo sobre cartón
57 x 44 cm

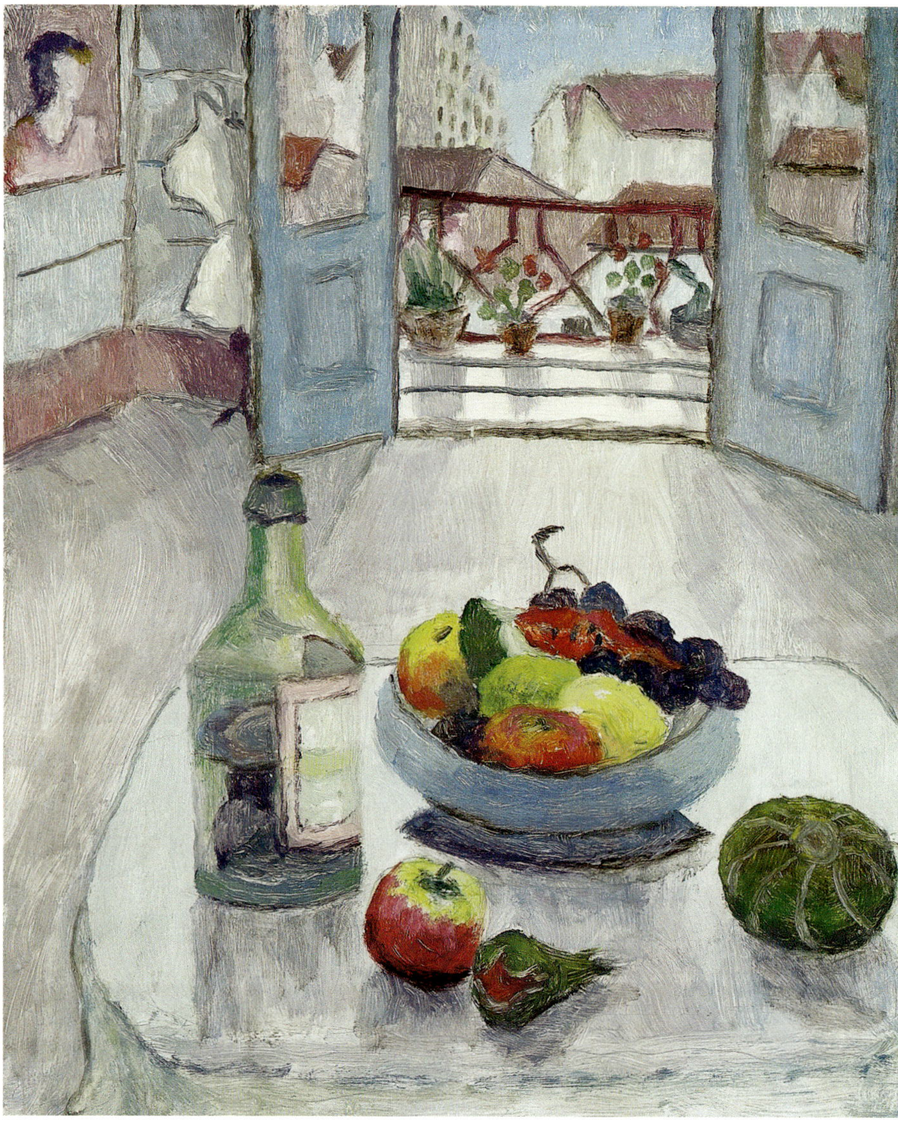

Interior con frutera
óleo sobre hardboard
60,2 x 49,7 cm

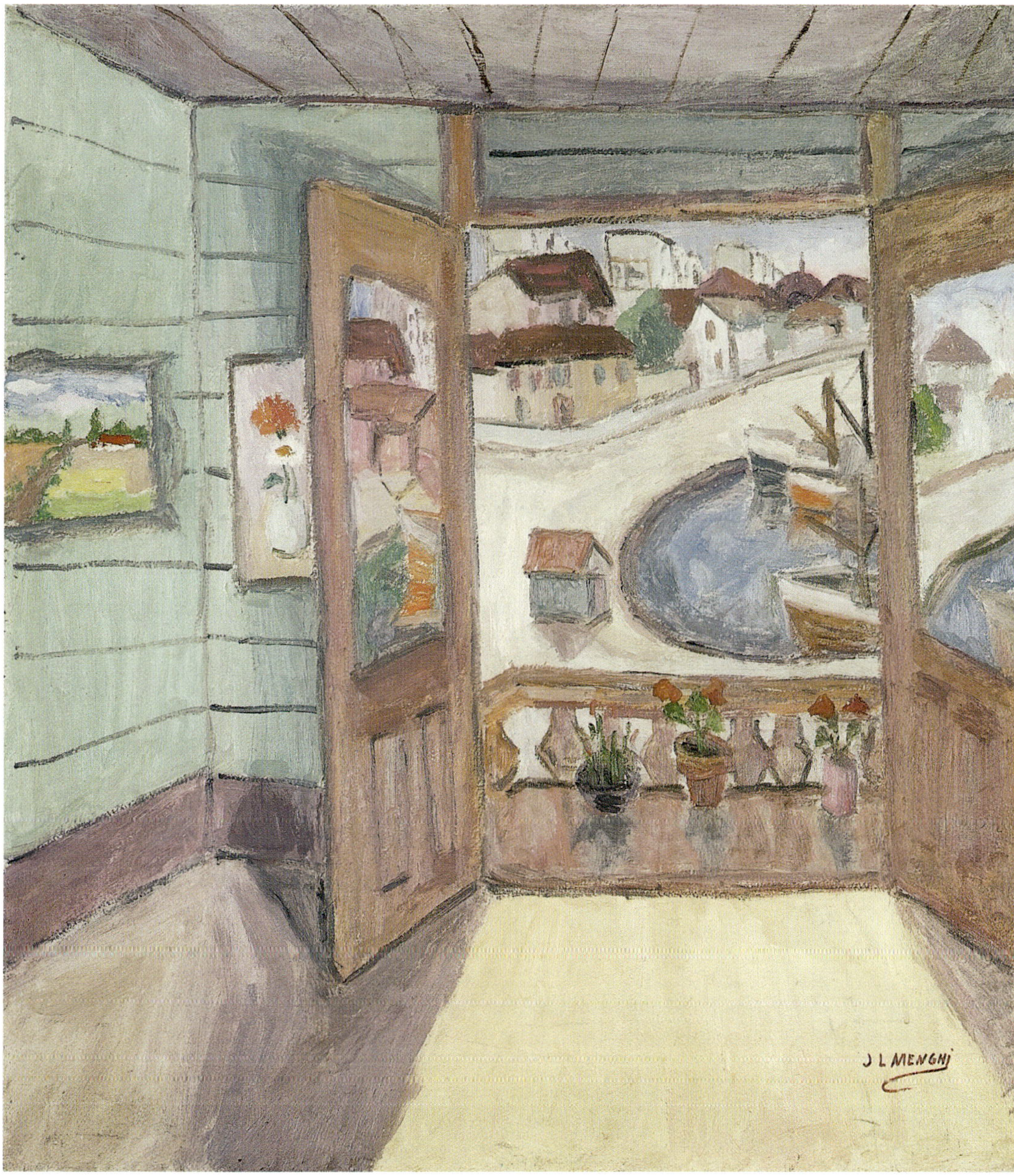

Balcón
óleo sobre hardboard
70 x 62 cm

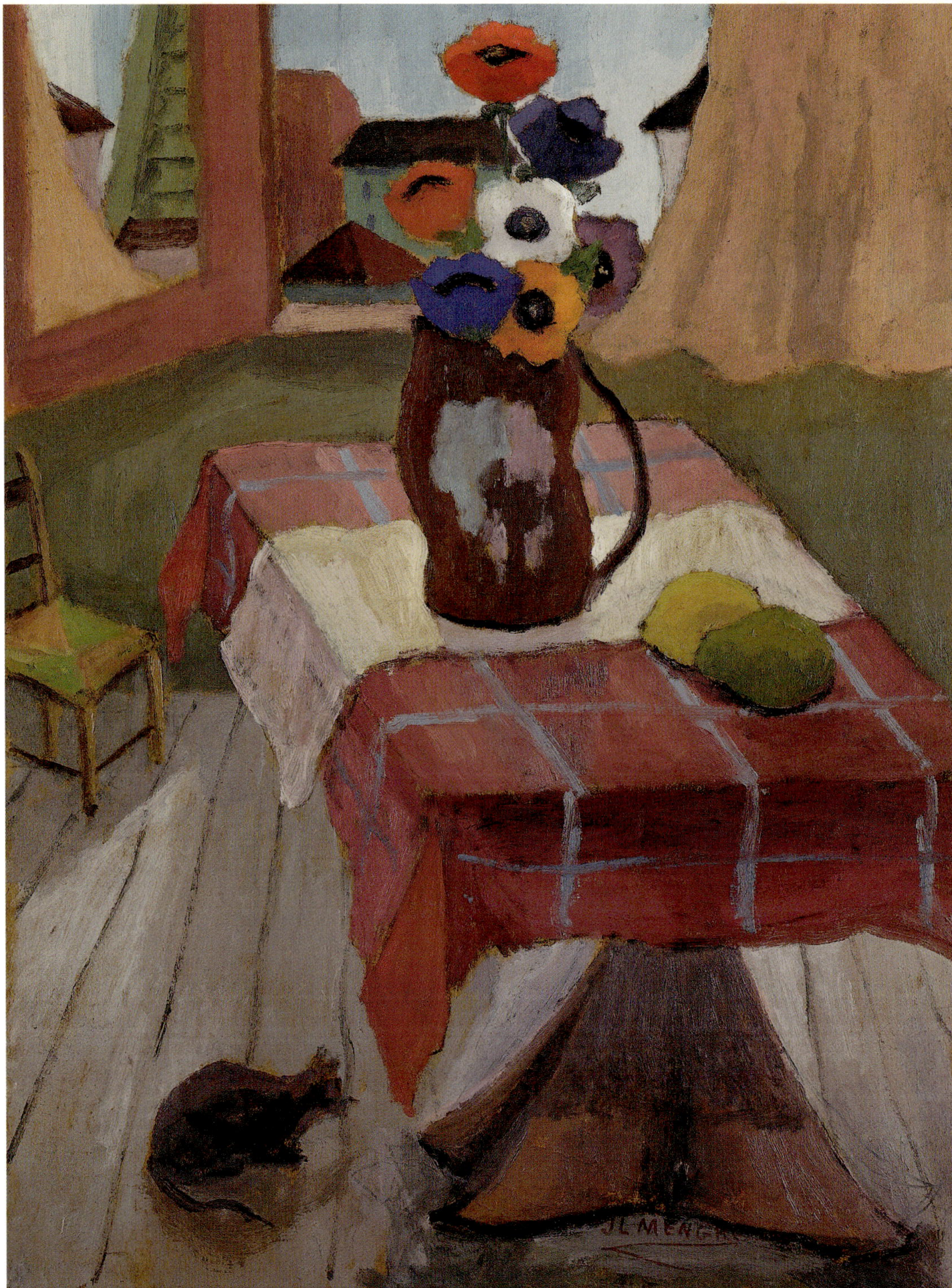

Interior con gato
óleo sobre cartón
69,2 x 49,6 cm

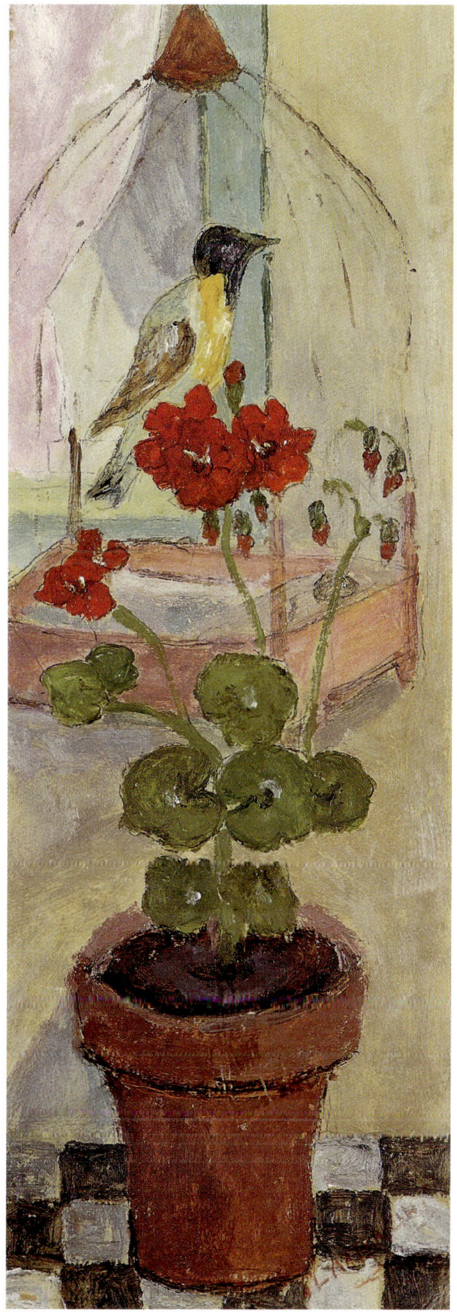

Cardenal y malvón
óleo sobre cartón
58,6 x 19,5 cm

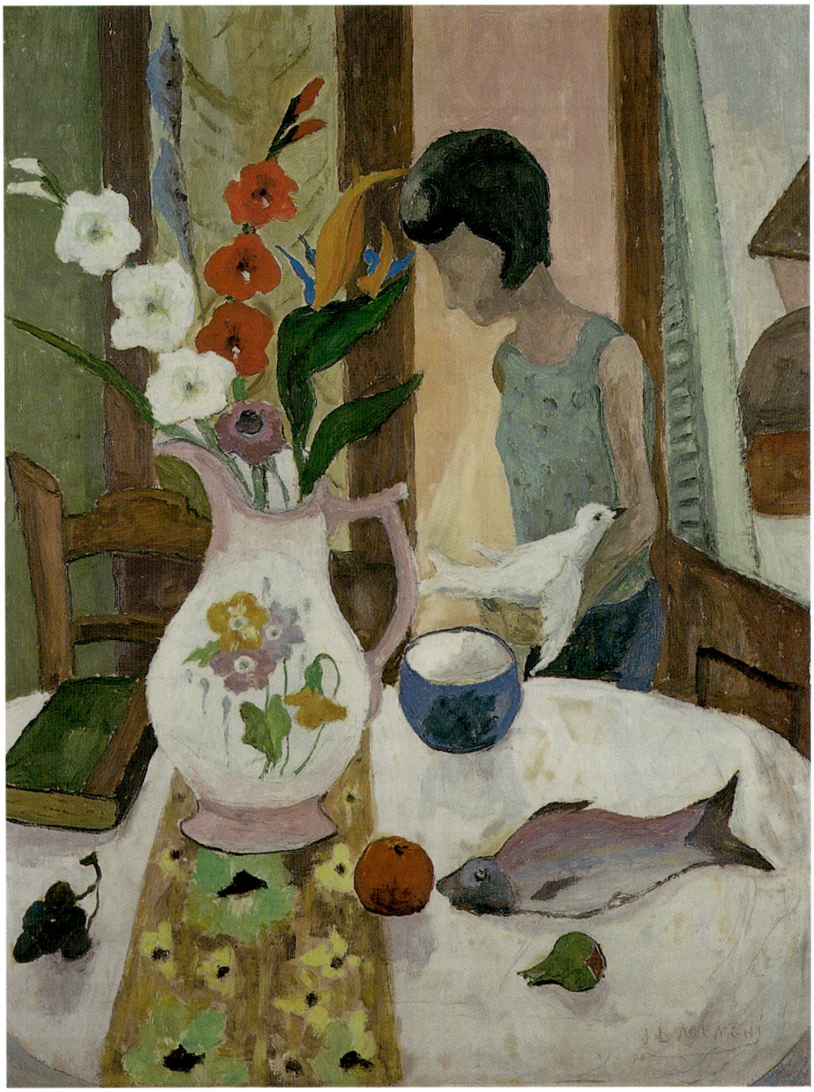

Mujer con paloma, 1974
óleo sobre papel sobre hardboard
98,8 x 75,1 cm

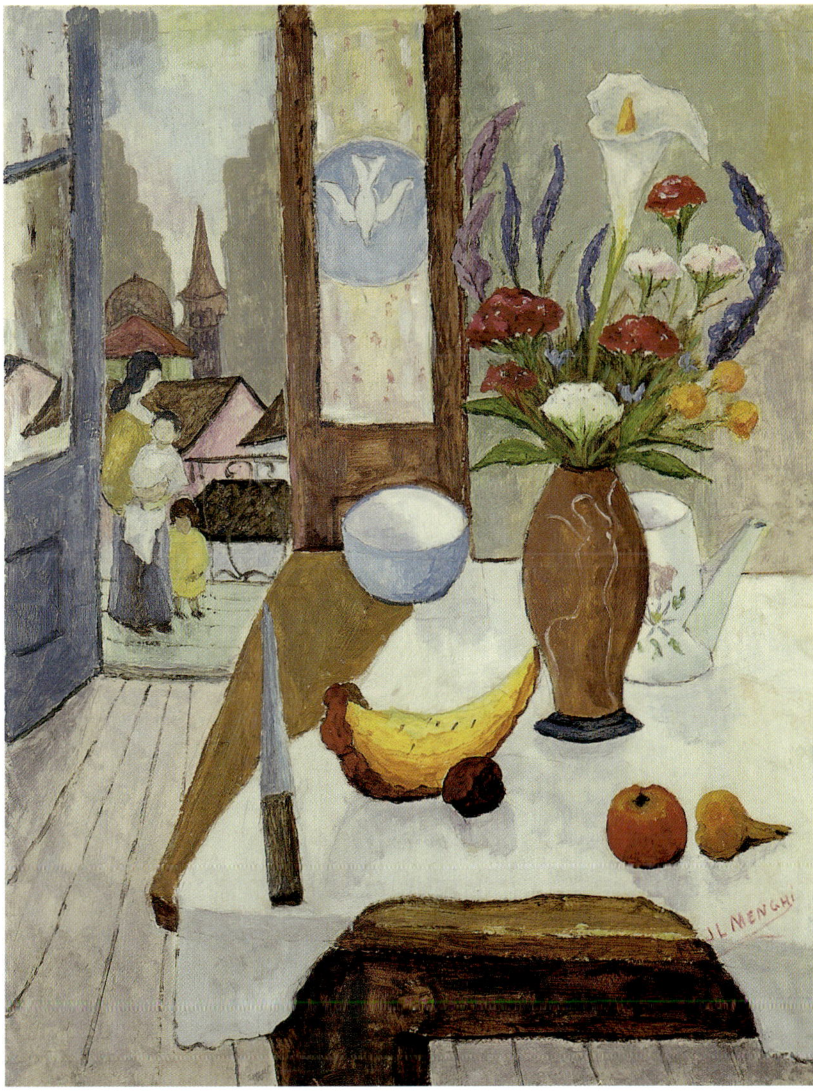

Maternidad
óleo sobre papel sobre hardboard
96,9 × 75,2 cm

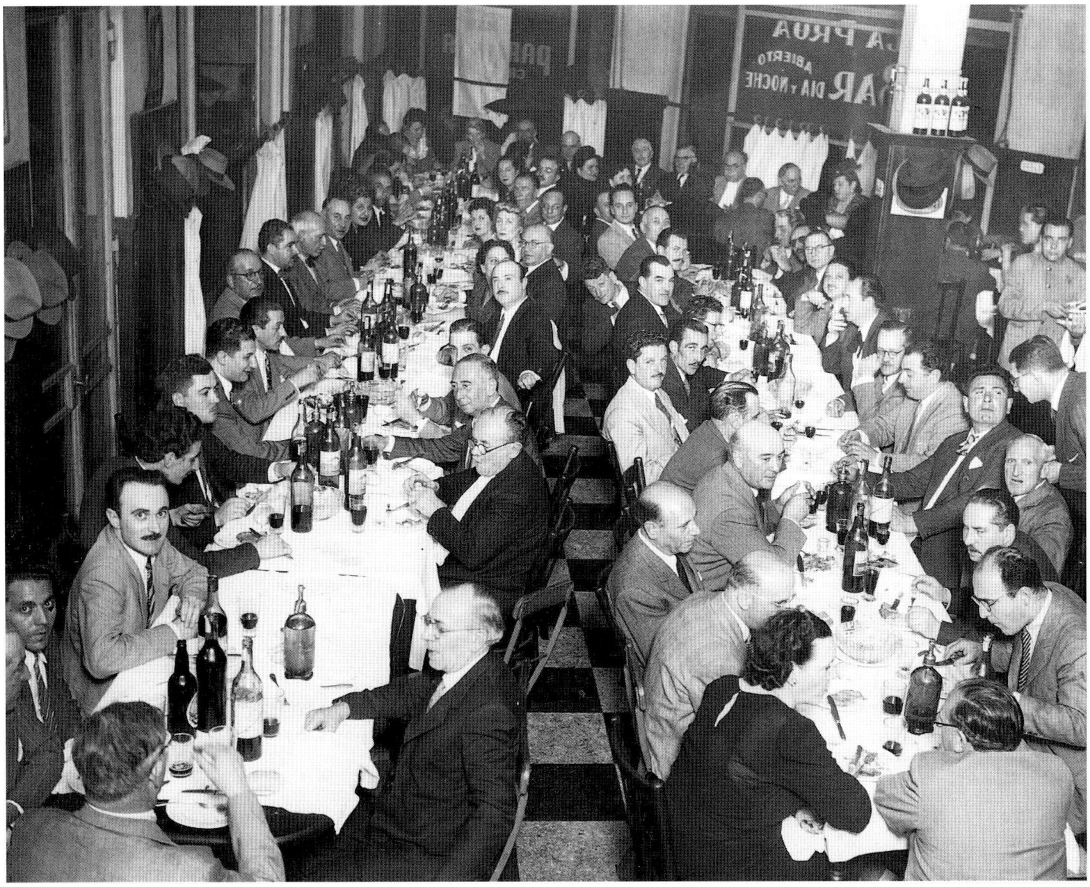

Artistas y poetas de La Boca y Avellaneda.
Victorica, Tiglio, Muñoz, Lacámera, Menghi, Maresca, Porchia y otros.
Buenos Aires, 26 de octubre de 1946.
Foto archivo Francisco Traba

Cronología

1902 Nace en Buenos Aires, el 2 de julio.
Desde joven comienza a trabajar ayudando a su padre en la herrería de la calle Hernandarias, del barrio de La Boca.

1918 Por iniciativa de Nicolás Bruno, frecuenta el grupo *El Bermellón,* en las calles Pedro de Mendoza y Australia (La Boca). Allí, un grupo de artistas y escritores boquenses se reúne para debatir sobre diversos temas de cultura y política. Pasión por la literatura (temas sociales, realismo social). A su inicial vocación literaria se suma el entusiasmo por la pintura.
Bajo la supervisión de Adolfo Montero realiza su primera aproximación a las nociones plásticas. Pasará los siguientes diez años pintando por las noches, ya que durante el día trabaja como herrero, oficio que desempeñará durante tres décadas. Los domingos sale con sus compañeros a pintar paisajes en Dock Sur o en la Isla Maciel.

1921 Junto con Alberto Borgatello, Juan Bautista Furlan, Mario Cecconi y Arnoldo Ruspino, se instala en un taller al que llaman "El Gato Negro", un antiguo mirador naviero de tres pisos ubicado en las calles Pedro de Mendoza y Olavarría.

1926 Fundación del *Ateneo de La Boca.*

1927 Incendio en "El Gato Negro", pierde toda su obra.
Es admitido por primera vez en el Salón Nacional de Artes Plásticas.

1930 Tras el golpe de Uriburu se traslada junto a su familia a Avellaneda.
En esa época es empleado por la Municipalidad de Avellaneda como electricista.

1932 Primera muestra individual en galería Peuser.

1935/8 Después del incendio, instalan el taller en la antigua Farmacia Frumenta. Lo llaman "La Cresta Roja". Luego, cada uno sigue por su cuenta. Sólo Menghi continúa con la pintura. Tras probar en distintos talleres, se instala definitivamente en el de la calle Irala 1238, en La Boca.

1938 Conoce al pintor Fortunato Lacámera y comienza a asistir periódicamente a su taller. Entablan una profunda amistad, que se prolongará hasta la muerte de Lacámera.

1940 El 23 de marzo de 1940 funda, junto a personalidades del círculo boquense, la *Agrupación de Gente de Arte y Letras Impulso,* con sede en la calle Lamadrid 355. Su primer presidente es Fortunato Lacámera, quien continúa en el cargo hasta su muerte, en 1951. Menghi será vocal hasta 1944.
Se exhiben en *Impulso* obras de Victorica, Diomede, Lacámera, Quinquela y Menghi.
Obtiene el Premio Adquisición en el Salón Anual de Santa Fe.

1941 Miembro fundador de la asociación *Gente de Arte de Avellaneda*, fundada el 23 de febrero en el Automóvil Club de Avellaneda. Su primer presidente será Carlos Sitoula; Menghi, protesorero.
En octubre, muestra individual en *Impulso*.

1942 Exposición individual en *Gente de Arte*.

1943 Vicepresidente de *Gente de Arte* por cuatro períodos consecutivos.
En julio, exposición individual.
Primer Premio Salón Peña Pacha Camac.
En mayo, muestra de *Impulso* en Harrod's, con la participación de Menghi.

1945 Expone en el Salón Independiente.

1946 En octubre, expone en *Gente de Arte*: "5 Artistas de Avellaneda", junto a J. M. Castro, Mario Cecconi, Wilfred R. M. Galán y Rafael Muñoz.
Premio Adquisición Salón Anual de Santa Fe.

1947 Es electo Presidente en *Gente de Arte*, cargo que ocupará por un período.

1951 Comienza a pintar motivos florales.
Premio Adquisición en el Salón Anual de Santa Fe por la obra *Naturaleza muerta*, hoy en el Museo Provincial de Bellas Artes Rosa Galisteo de Rodríguez, Santa Fe.
Muere el pintor Fortunato Lacámera.

1952 Segundo Premio en el Salón de Mar del Plata.

1954 Mención Honorífica en el Salón Nacional de Bellas Artes por *El lirio blanco*.
En octubre, en *Gente de Arte*, Carlos A. Foglia presenta su libro *El Riachuelo, inspirador de artistas*.
Expone en la galería Maipú, Buenos Aires.

1955 Premio Único Salón de Avellaneda.
Se jubila de la Municipalidad, donde fue electricista por 25 años. Se dedica por completo a la pintura.

1956 Exposición en la Municipalidad de Avellaneda, "El Riachuelo, inspirador de artistas".

1957 Junto a Diomede, Martínez Pinto y Rosso, integra la exposición "4 artistas autodidactas" en las Salas de la Dirección de Artes Plásticas de La Plata, del 2 al 18 de agosto.

1960 Premio Adquisición en el Salón Municipal de Mar del Plata.

1961 Exposición individual en la galería Nice, Buenos Aires, del 8 al 21 de marzo.
Exposición "José Luis Menghi", en la galería Groussac, Buenos Aires, 10 al 22 de julio.
Premio Benito Quinquela Martín en el Salón Nacional de Bellas Artes por *Interior de La Boca*, hoy en el Museo de Bellas Artes de La Boca "Benito Quinquela Martín".

1962 Premio Adquisición Salón de Buenos Aires.

1963 Exposición "Flores", catálogo de Vicente Caride. Buenos Aires, Tehura, del 19 de julio al 10 de agosto.

1964 Exposición individual en galería Nice, 29 de julio al 13 de agosto. El catálogo incluye un texto de Osiris Chiérico.
Exposición "Menghi", en la galería El Taller. Catálogo con introducción de Ignacio Pirovano.
Se incluyen obras suyas en la exposición "Bermellón Agrupación de Arte", galería Aloisio.

1966 Tercer Premio en el Salón Nacional.

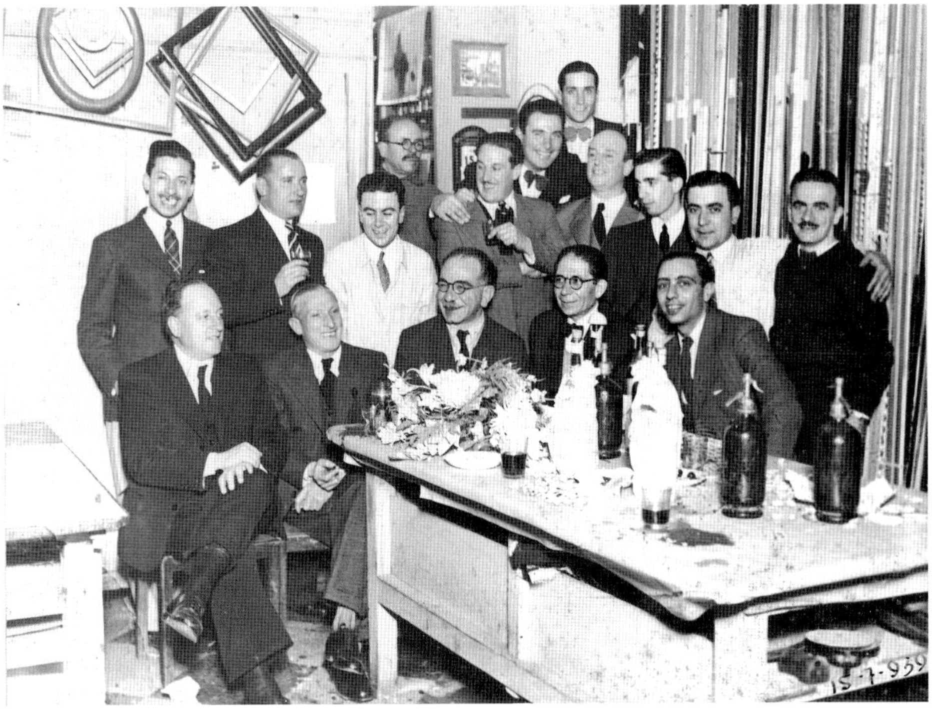

Ragno, Maresca, Lacámera, Vento, Arcidiácono, Cerrotti, Rosso, Menghi, Ferrini y otros.
Marquería Cerrotti, La Boca, 1939.
Foto archivo Edgardo Menghi

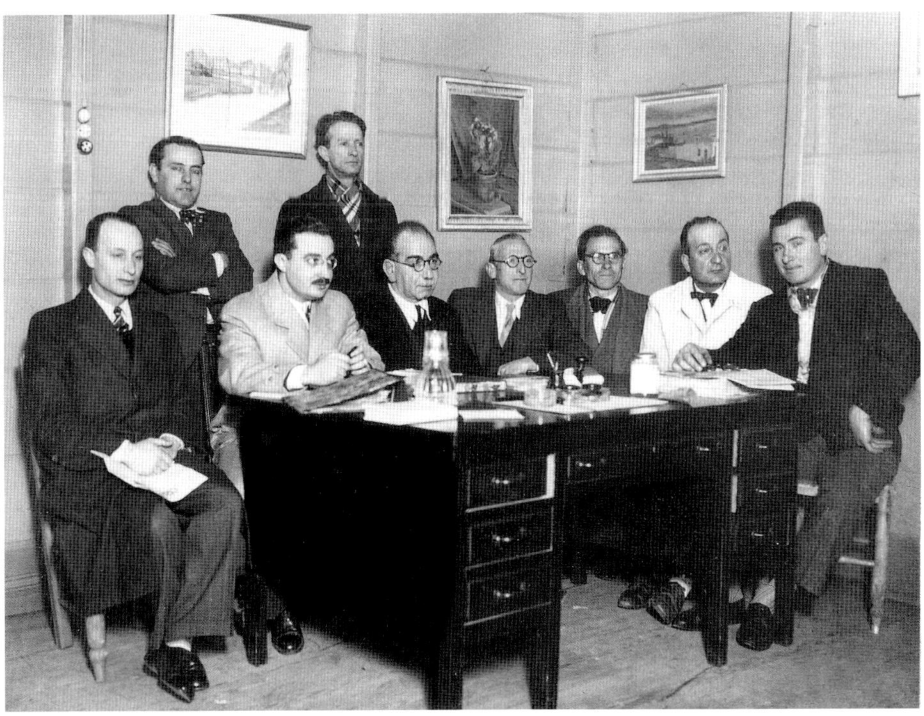

Pugliese, Bassani, Lacámera, Maresca, Vento, Carotenutto, Menghi y otros.
Agrupación de Gente de Arte y Letras Impulso, La Boca, década del '40.
Foto archivo Agrupación de Gente de Arte y Letras Impulso

1967 Primer Premio en el Salón Anual de Santa Fe por *La sala*, hoy en el Museo Municipal de Bellas Artes Lucas Braulio Areco de la ciudad de Posadas, Misiones.
En septiembre expone en el Museo de Bellas Artes de Luján. El catálogo incluye un texto de Jorge López Anaya.

1968 Diploma de la Asociación Amigos de los Salones Nacionales por haber expuesto durante 30 años en la sección Pintura del Salón Nacional.

1969 *Gente de Arte*, 19 de septiembre al 8 de octubre, "Exposición homenaje a José Luis Menghi, en sus bodas de oro con el arte". El 18 de septiembre se realiza la cena de camaradería; como es costumbre de la Asociación, el artista expositor es invitado de honor.
Tercer Premio Municipal, Salón Manuel Belgrano.
Primer Premio en el Salón Nacional de Bellas Artes por *Interior con pájaro*, hoy en el patrimonio de las Salas Nacionales de Exposición.

1970 Galería Witcomb, 7 al 18 de diciembre, exposición retrospectiva. Catálogo de Córdova Iturburu.

1972 Exposición "José Luis Menghi", galería de Arte de La Boca, 5 al 18 de agosto.

1974 Exposición "Centenario de Mar del Plata. Muestra homenaje de los plásticos argentinos", Fundación Lorenzutti, Mar del Plata, 1° de febrero al 10 de marzo.
Desde ese año es artista exclusivo de la Fundación Lorenzutti.

1975 Exposición "José L. Menghi - Pinturas", Lorenzutti, 19 de abril al 13 de mayo.
Octubre, galería Victorica, "Menghi, un romántico de la pintura".

1976 LAASA/Lorenzutti Artes y Antigüedades S. A., "José L. Menghi - Pinturas", 3 al 27 de julio.

1977 Exposición "José Luis Menghi. Óleos", galería Suipacha, Buenos Aires, 21 de junio al 2 de julio.
Exposición "José Luis Menghi", galería Fra Angélico, Buenos Aires, 15 al 28 de octubre.

1978 En la galería Victorica integra la muestra "Las cuatro M (Mastro, Menghi, Mirabella, Miraglia)".

1981 Exposición "José Luis Menghi", galería Witcomb, Buenos Aires, 26 de mayo al 6 de junio.
Es declarado Ciudadano Ilustre de La Boca.

1982 Se presenta en *Impulso*, "Exposición de José Luis Menghi", 26 de junio al 10 de julio.
José Gulias edita el libro *José Luis Menghi - Color y Poesía*.
El 11 de diciembre, en *Gente de Arte*, se realiza un homenaje al pintor con motivo de su 80 aniversario.

1983 Retrospectiva, galería América, Buenos Aires, 16 de mayo al 4 de junio.

1984 Última presentación en el Salón Nacional de Artes Plásticas.

1985 Muere en Buenos Aires, el 25 de febrero, tras una larga enfermedad.

1986 En homenaje a Menghi, la Municipalidad de Avellaneda da el nombre del pintor a una de las aulas de su Instituto Municipal de Artes Plásticas.

1991 Exposición "José Luis Menghi (1902-1985)", galería El Socorro, Buenos Aires, 17 de septiembre al 11 de octubre.

1997 Integra la exposición"Lazzari y los maestros de la plástica boquense" (a cien años de la llegada de Alfredo Lazzari y a veinte de la muerte de Benito Quinquela Martín), Buenos Aires, Museo Sívori, 3 de julio al 3 de agosto.

1999 Palais de Glace, Buenos Aires "1era muestra de obras premiadas en los salones nacionales de pintura, 30 pintores premiados", 26 de octubre al 8 de noviembre.

2002 ArteBA - 11ª Feria de Galerías de Arte. La Fundación Andreani presenta una selección de artistas boquenses en la muestra "Luz, color y trabajo. La escuela de arte de La Boca". Se incluye una obra de Menghi.
5 de mayo al 14 de julio, *Dixon Gallery & Gardens*, Memphis, USA, exposición colectiva *"Painters of Buenos Aires: School of La Boca 1900-1940"*; junto a las obras de Menghi se exhiben otras de Lazzari, Pacenza, Tiglio, Quinquela Martín, Diomede, Victorica, Daneri, March y Rosso.

2003 ArteBA - 12 Feria de Arte Contemporáneo. Hoy en el Arte presenta una exposición homenaje a José Luis Menghi. En el marco de la exposición se presenta este libro.

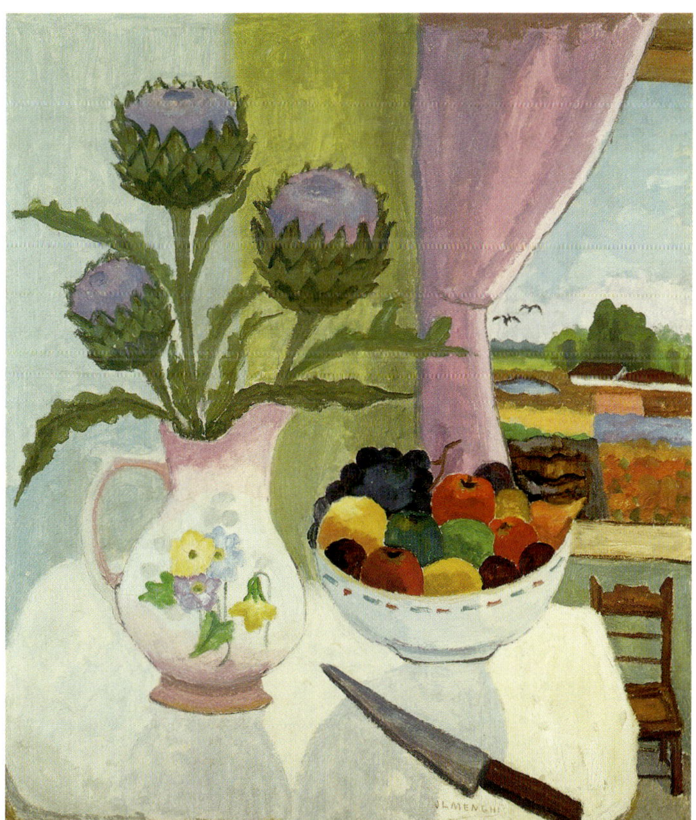

Interior con cardos
óleo sobre papel sobre hardboard
88,2 x 75,2 cm

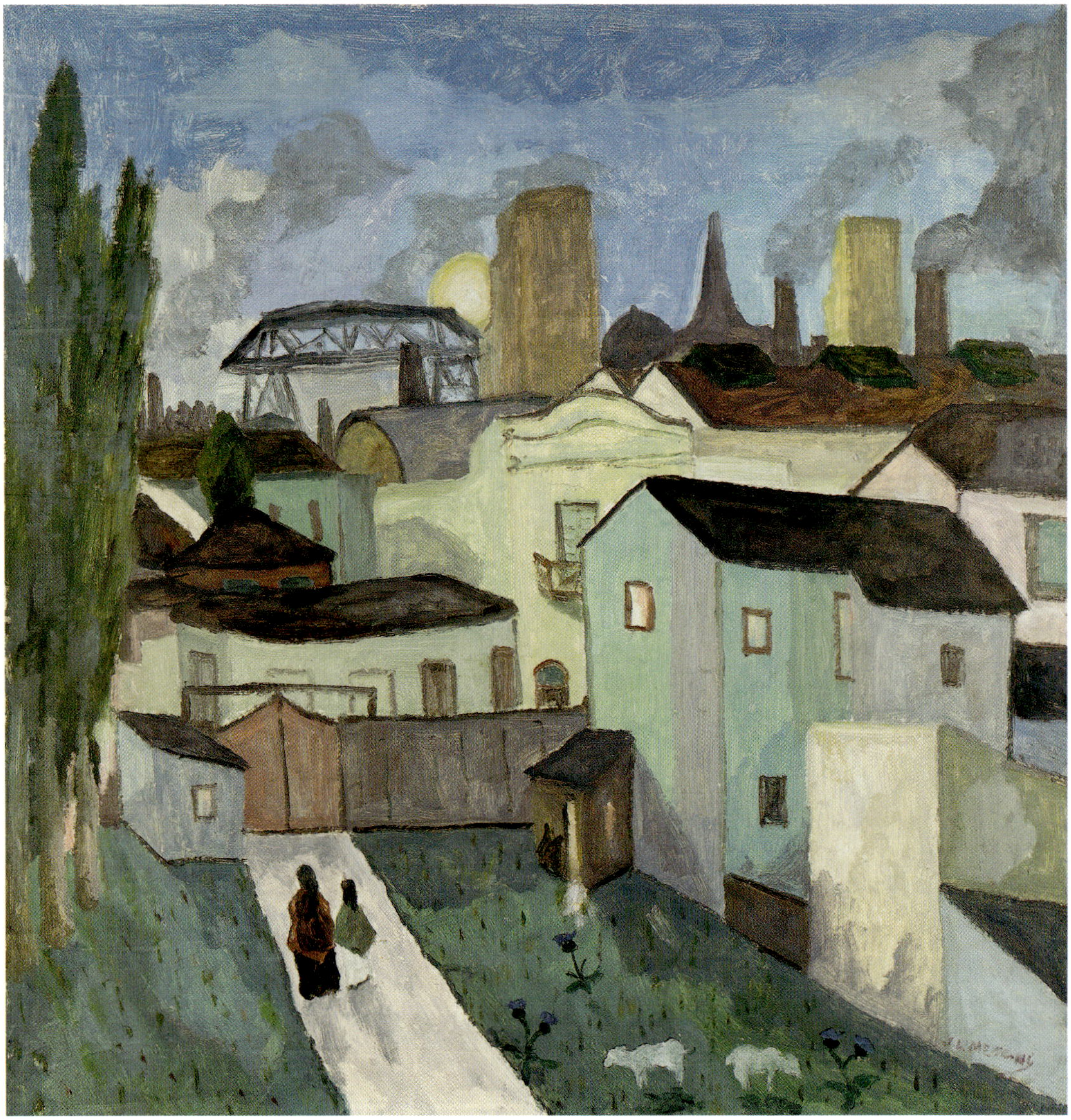

La Boca, 1967
óleo sobre papel
78 x 76 cm

Selección de críticas

Es uno de los valores más ponderables del núcleo que integra la Agrupación Impulso, *recientemente creada en la barriada de La Boca. Su obra, fina e inteligentemente orientada, orilla, sin contaminarse, ese modernismo amanerado y deformante de que hoy hace gala un plasticismo oficializado, banal y formulista. Menghi, silencioso y modesto, se complace en exteriorizar su emoción personal y única, que es lo que todo artista debe perseguir en sus anhelos exaltados de belleza. [...] Menghi no renueva ni remeda; crea su expresión y procura transmitirla cordialmente universalizada.*

Miguel A. Camino, Buenos Aires, Agrupación de Gente de Arte y Letras Impulso, octubre de 1941. En: José F. Gulias, *José Luis Menghi - Color y Poesía*, Avellaneda, edición del autor, 1982.

Mediante el color su obra adquiere un valor de verdad interior. Las equivalencias plásticas no están, pues, en la organización del cuadro ni en el dibujo, sino en la variación cromática.
Es el color el que permite a José Luis Menghi evadirse del plano de la realidad y lanzar el propio instinto a la búsqueda de armonías musicales. Por eso la 'temática' que más se connaturaliza con Menghi es la temática de lo sencillo.

Vicente P. Caride, *José Luis Menghi*, Buenos Aires, Tehura, 19 de julio al 10 de agosto de 1963.

El primer día que tomé contacto con los cuadros de Menghi comprobé lo cerca que estaban sus composiciones, su caligrafía y la irisación de su cromatismo, con esas obras sutiles basadas en espacio, aire y vibración que partiendo de las Ninfeas *de Monet hasta el último objeto en* plexiglass *de Vantongerloo y la realización móvil de* Le Parc*, he elegido para distribuir en esas paredes de mi estudio. Por eso, desde entonces, como amigos que se entienden, un lirio blanco y una composición vertical de* Menghi *los complementan, acompañándome a vivir.*

Ignacio Pirovano, *Menghi*, Buenos Aires, galería El Taller, 16 de junio al 3 de julio de 1964.

Su color parece sutilizarse a través de una tenue muselina que dejara pasar apenas el espectro de las formas, a pesar de ello tangibles, inmediatas. Pero de alguna manera esas formas han dejado de ser reales, transmutadas en habitantes de un territorio ideal, interior, extrañamente iluminado por una luz tibia que surge de todos los rincones del cuadro a un mismo tiempo. Menghi hace, así, metáforas con elementos directos, casi sin deformaciones. La realidad es su gran metáfora, asumiendo para ello el papel de lírico alquimista que busca hacer brotar el pedernal, reconociendo, empero, la verdad esencial de éste.
Sólo una gran sensibilidad como la de José Luis Menghi puede alcanzar esta decantación de lo aparencial. La palabra magia es inevitable ante sus obras, o, si se prefiere, la sabiduría de lo sencillo, a la que sólo puede llegarse a través de una gran humildad ante las formas de lo real.

Osiris Chiérico, *José Luis Menghi*, Buenos Aires, Nice Galería, 29 de julio al 13 de agosto de 1964.

Su representación no se reduce a ser un chato analogom *de la naturaleza, como en muchos pintores figurativos de su generación. Si bien su sentido de la "belleza" es tomista, él no posee un romo sentido de lo agradable. Abre, ante los que lo ven en profundidad, campos intuitivamente descubiertos, componiendo las imágenes con una sintaxis singular. No todo artista puede vanagloriarse de haberlo hecho, muchos adoptan "maneras". Menghi, por el contrario, ha emprendido un camino solitario, aunque no sea más que un modesto sendero, pero paralelo a las amplias calles del arte actual.*

Jorge López Anaya, *José Luis Menghi*, Museo de Bellas Artes de Luján, septiembre de 1967.

La mayoría de los críticos no han podido sustraerse a la magia cautivante de sus imágenes, plenas de belleza y sugerencia. Menghi, gigante bonachón, de apacible sonrisa, es un prodigioso artista pintor querido por el pueblo. Ese pueblo sensible que sabe descubrir los valores perdurables.

Gioconda de Zabatta, *16 pintores de Avellaneda*,
1er Premio de la Municipalidad de Avellaneda, 1969.

Cada cuadro de José Luis Menghi suscita, en el contemplador, la sensación de hallarse ante una obra de arte construida con un vocabulario recién nacido, inexperimentado, en que cada palabra nos proporciona la sorpresa de un significado inédito porque es una alusión, conmovida, a cosas del mundo recién descubiertas, vistas por primera vez por el artista, nombradas por primera vez.

Córdova Iturburu, *J. L. Menghi*, Galería de Arte Cassará, Mar del Plata,
21 de diciembre de 1974 al 4 de enero de 1975.

Yo lo conocí una vez. Hay cosas que uno conoce y las olvida. Hay otras que quedan prendidas en el área del amor, donde la belleza grita... Y debemos responder. Menghi se ha convertido en flor, en tallo, en sugerencia, por eso lo queremos, porque él ignora que está en todas partes. Nos brinda la paz, nos posibilita la meditación. Por eso en las iglesias, en los parques, en los balcones y en el más allá están sus flores. Es decir, está su nombre, velado por la melancolía, sostenido por el canto de los pájaros, por la sutileza de un lirio, por la diafanidad de la esperanza, por la claridad del amor.

Alberto Mosquera Montaña, *José L. Menghi*,
LAASA/Lorenzutti Artes y Antigüedades S. A., 3 al 27 de julio de 1976.

Ahora cumplo en agregar a Menghi como el último de los grandes intérpretes auténticos de la poesía plástica boquense. [...] Por su sano y vigoroso temple pudo también presenciar su propio reconocimiento del mejor público argentino en los años actuales, que siente su pintura como una melodía fina y distante que aumentara en un crescendo *de oboe y violonchelo de primer plano. Ese plano que, con los mejores de La Boca, no se oye solamente en el barrio querido sino en el ámbito nacional.*

Manuel Kantor, *Menghi*, Pinacoteca Popular Argentina,
Buenos Aires, diciembre de 1979.

Toda una vida transcurrida en las márgenes de la ribera se ha filtrado nítida e indudablemente en la obra de José Luis Menghi. Nadie hallará en sus telas el registro fácil y exterior, la anécdota pintoresca, la rutina del asunto que se volvió tópico costumbrista. [...] Menghi reúne los escenarios cotidianos de los seres anónimos y laboriosos, vislumbra y rescata la poesía sencilla en un mundo igualmente sencillo que no desconoce la heroicidad, pero que no hace de ella su pendón. Lo pinta sin contrastes dramáticos, sin poner luces sobre los protagonistas; prefiere el paisaje que admite encuadrarse desde la ventana del taller, o el que infiere, reflejado, en los cristales.

Elba Pérez, "Escenarios para acceder a la neta poesía",
Buenos Aires, *Convicción*, junio de 1981.

Cuando en alguna exposición de Impulso *nos presentaron a ese hombre manso, de imponente planta, que es José Luis Menghi, no pudimos, en un primer vistazo, sospechar el alma purísima de niño que se guarda en su físico de forjador. Felizmente, Menghi ha conservado en sí y ha trasladado a su pintura ese espíritu de pureza. El suyo es un singular franciscanismo pictórico, una humildad llena de resonancias espirituales que no es pobreza, sino decantación y síntesis de su idioma de pintor, absolutamente acorde con su ser, ajustado en su vida con sinceridad conmovedora.*

León Benarós en José F. Gulias, *José Luis Menghi - Color y Poesía*, op. cit.

Cuando la orquesta ejecuta el fortissimo *final de una sinfonía, cuando todos los instrumentos en armonía suenan con mayor intensidad, de pronto un la de la flauta dulce surge nítido y nuestro oído lo memoriza. Esa flauta dulce es la pintura de Menghi. [...] En arte no es fácil explicar el porqué de la belleza. Prefiero ser en esto un aficionado y dejar esa labor a los profesionales. En ciertos momentos convulsionados de la pintura (como ocurre ahora) un solo de flauta parece pasar desapercibido, pero al finalizar los aplausos nos llevamos a casa el recuerdo de ese sonido suave, pequeño, que persiste sobre los otros más intensos, y nos alegramos de haberlo descubierto. Pronto nos darán la razón. Gracias, Menghi.*

Raúl Soldi en José F. Gulias, *José Luis Menghi - Color y Poesía*, op. cit.

Podemos afirmar, con absoluta seguridad, que Menghi no está de espaldas a la problemática del arte contemporáneo. Que no se limita a copiar su modelo como un amanuense de las artes o un simple estudiante de academia. Que su "ingenuidad" es más aparente que real [...] Entonces, lo primero que admiramos es el coraje esperanzado de Menghi en la vida, la confianza en su propio talento, que le han permitido avanzar contra viento y marea, en medio de modas y gustos artísticos cambiantes y caprichosos.

[...] Y el clima moral de los cuadros de Menghi es ése: el del hombre de trabajo que pide su lugar al sol. Es un clima más bien modesto. No encontraremos en sus cuadros arrestos espectaculares ni temas de trágica grandeza. Su pintura es intimista, recatada.

José F. Gulias, *José Luis Menghi - Color y Poesía*, op. cit.

La pintura de José Luis Menghi sorprende por su dulzura expresiva y el encantamiento cromático que parte de la composición intimista, donde los distintos detalles –una cortina flotando en el viento, un gato en un rincón, un ramo de flores que empieza a marchitarse en una jarra– transmiten una limpia espiritualidad. Hay un gusto evidente por el color y la materia y una visión apenas transfigurada de la realidad material: está claro que más allá de los refinamientos excesivos, Menghi transmite una visión gozosa –por momentos fauve*– del entorno íntimo donde se desarrolla su pintura.*

Diana Castelar, "Expresividad y encantamiento",
Buenos Aires, *Clarín*, agosto de 1984.

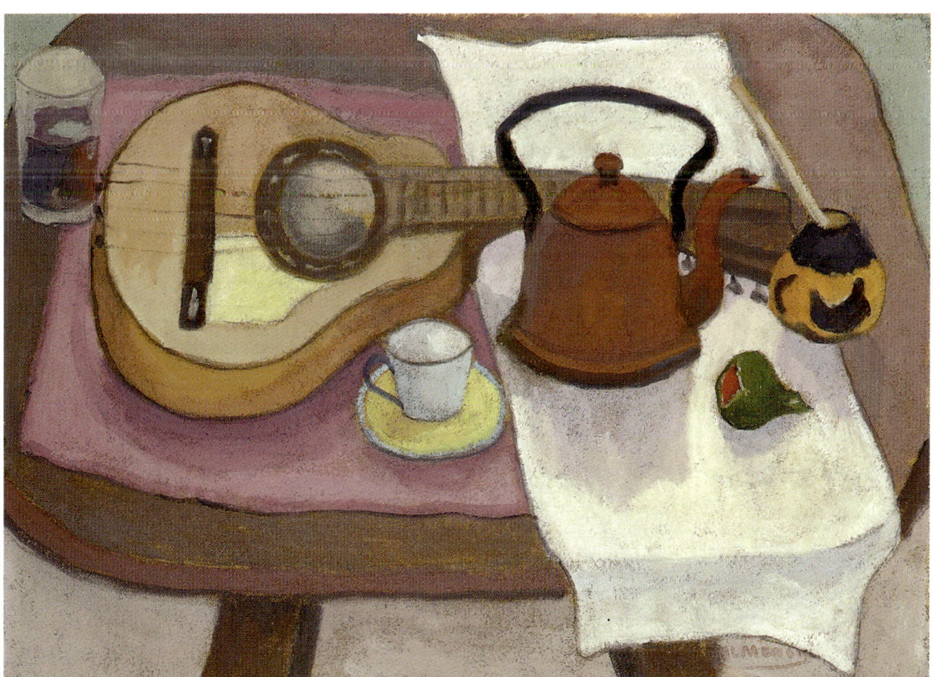

La pava enlozada
óleo sobre aglomerado
49,5 x 69,5 cm

a José Luis Menghi

Primero doblegaba el hierro duro
macha martillo y yunque musicales.
Después, pasta y aceite, en florales
cuadros, rendidos al artista puro.

Acaso por su condición de oscuro
herrero, dio colores a raudales
y así pintaba vivos los rosales
y daba luz al hogareño muro.

José Luis Menghi, alma de magnolia,
voluntad de futuro que lo expolia,
hombre, al fin, de este siglo amanecido.

Conmueve ver que entra en la fama
con el pan y la sal que humilde ama,
como artista del pueblo, esclarecido.

Leónidas Barletta

José Luis Menghi en el recuerdo

Mi papá era una maravilla: inteligente, correcto, compañero y poeta. En Gente de Arte *lo querían tanto que no lo dejaban renunciar, porque, más que como a un maestro, lo veían como a un hermano mayor que estaba para todos si lo necesitaban. Tenía más de dos mil libros y leía Literatura, Arte, Historia; era muy estudioso. Muchos de esos libros los donó a bibliotecas del barrio.*
De los viejos pintores de La Boca mi papá era un poco el hijo. La Academia de papá fueron los maestros, empezando por Fortunato Lacámera. Y los grandes maestros, a la vez, lo admiraban y lo llamaban "El pintor de las cosas humildes".
Yo solía ir a verlo pintar, pero él no quería que nadie lo molestara. A veces me llevaba al taller de Lacámera, ellos eran grandes amigos. Lacámera solía venir a nuestra casa a los cumpleaños de papá y mamá.
Todos lo veían tan humilde a mi viejo que hasta le regalaban cosas. Comentaban: cómo puede un hombre, con los premios que tiene, pintar con pinceles completamente gastados. Pero la verdad es que él los gastaba a propósito, porque el pincel entero no le servía.
Sus cuadros empezaron a venderse bien allá por la década de 1950, y él aprovechaba ese dinero para hacer reformas en la casa. Alguna vez dijo: "con una obra de arte salvé la casa, con rentas y alumbrado", y también: "un cuadro que yo regalo y que es vendido para salir de un apuro, bienvenido sea, bien vendido está".

Edgardo Menghi, Avellaneda, octubre de 2002.

El Bermellón II *lo conformamos, allá por 1960, un grupo de once artistas plásticos (Abal, Beloso, Blanco Piñeyro, De Simone, Di Stéfano, Gaeta, González Lázara, Lagna, Menaglio, Menghi, Price). Menghi ya gozaba de reconocimiento, pero la mayoría éramos más jóvenes. Nos reunía el respeto, sin que existieran entre nosotros ni limitaciones ni problemas estéticos: había figurativos, abstractos, geométricos; todos convivíamos en estado de "democracia pura" y con ese criterio hicimos muchas muestras colectivas. Solíamos encontrarnos en el Café Paulista, en Alte. Brown y Olavarría, que ya no existe más. Intentamos ingresar en* Impulso, *para llevar aires de renovación al ambiente –por entonces dominado por mediocres, en época de dictaduras–. Pero nos negaron la posibilidad de asociarnos. Recuerdo que Menghi propuso meternos "de prepo" y llevar los colchones si era necesario hasta que la cosa aclarase, algo que nunca llegó a pasar. Era un hombre con un gran sentido ético. Todo lo que hicimos artísticamente valió la pena y de Menghi rescato la gran amistad que nos unía.*

Roque Menaglio, La Boca, febrero de 2003.

El primer recuerdo que tengo de Menghi me viene de la infancia: él y otros artistas organizaban el chocolate para los pibes del barrio en las fiestas patrias. El primer cuadro que compré fue un Menghi; sus flores le gustaban mucho a mi esposa. También estuvo presente el 7 de agosto de 1973, el día que inauguré la galería Victorica, participando de la muestra colectiva; desde entonces, su presencia nos acompañó siempre. Bastaba oírlo hablar para darse cuenta de que era un hombre culto, sensible y humilde. Menghi tuvo la particularidad de producir una obra de calidad, sin repetirse, y esto es algo realmente difícil cuando se está enfrascado en plasmar un mismo tema. A mi juicio, este libro es un homenaje merecido a uno de los más prolíficos artistas del barrio de La Boca.

Rubén Héctor Rodríguez Ponziolo, La Boca, febrero de 2003.

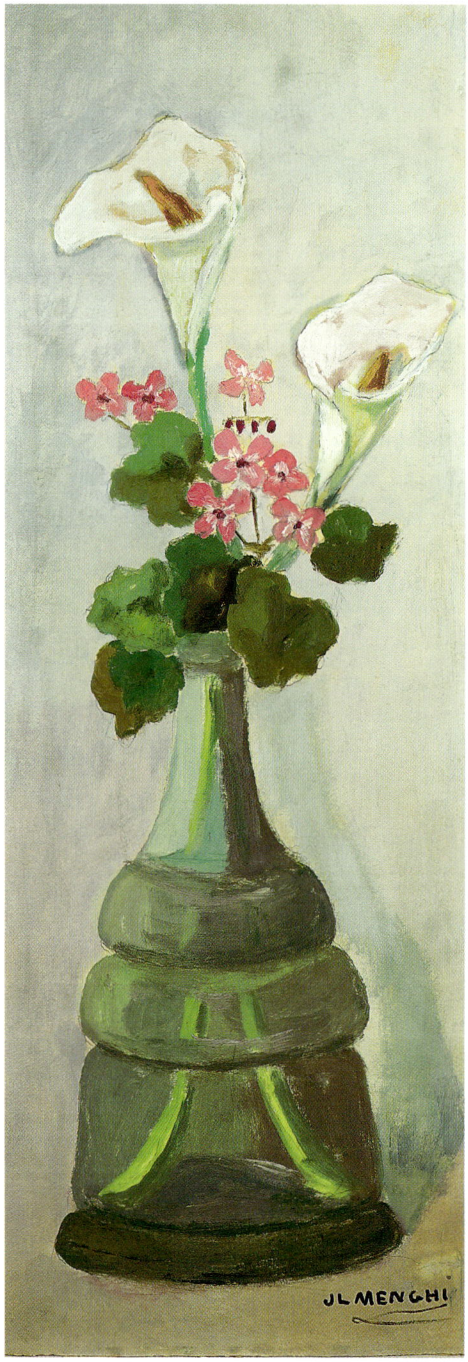

Calas, 1972
óleo sobre cartón
69 x 25,6 cm

Conocí a José Luis Menghi a principios de la década de 1950. Sentí enseguida admiración y afecto por ese hombrón alto, corpulento, de grandes manazas, cuya imagen física parecía contrastar, en un primer momento, con su espíritu delicado y bondadoso; un espíritu que se manifestaba de manera elocuente en los cuadros que pintaba: vasos con flores, algunas desmayadas, a punto de marchitarse, en humildes ambientes que a veces completaban una mesa, una ventana y un canario en su jaula. Elementos envueltos siempre en una atmósfera intimista y poética. Muchos sábados lo visité en su atelier; una piecita en un conventillo de la calle Irala, en La Boca, a la que se debía subir por una destartalada escalera de madera. En aquellas tertulias de los sábados conocí a otros artistas boquenses y a un gran escritor, Antonio Porchia, autor de los más bellos, hondos y estremecedores aforismos que se han escrito en nuestro idioma: Voces. *Eran reuniones en las que se hablaba de arte, se oía música (a Menghi le gustaba la música clásica tanto como la poesía) y se respiraba un clima de camaradería cordial. En 1953 Menghi ilustró mi segundo libro de versos, y en varias oportunidades me regaló algún cuadro suyo. En el living de mi departamento, uno de sus vasos con flores ocupa un lugar destacado, junto a un Soldi, un Berni y un Alcides Gubellini. Además de esa pintura, a través de la cual su memoria me acompaña, guardo de él su recuerdo de hombre honesto, conmovedoramente generoso y de una sensibilidad delicadísima.*

Antonio Requeni, febrero de 2003.

Unamuno decía que en arte no se está al día, se está a los siglos. Criterio esencial para acercarse a la contemplación de la pintura excluyendo toda crónica y que, en el caso de Menghi, sirve para aventar cualquier referencia a tiempo y lugar.
Una luz unánime en el plano sostiene la unidad en la singular pintura de Menghi, no obstante su expresión por el tono local. Amabilidad por el candor de sus interiores y respeto por la firmeza de sus convicciones son el trasunto de la valiosa obra de este artista.

Francisco Travieso, febrero de 2003.

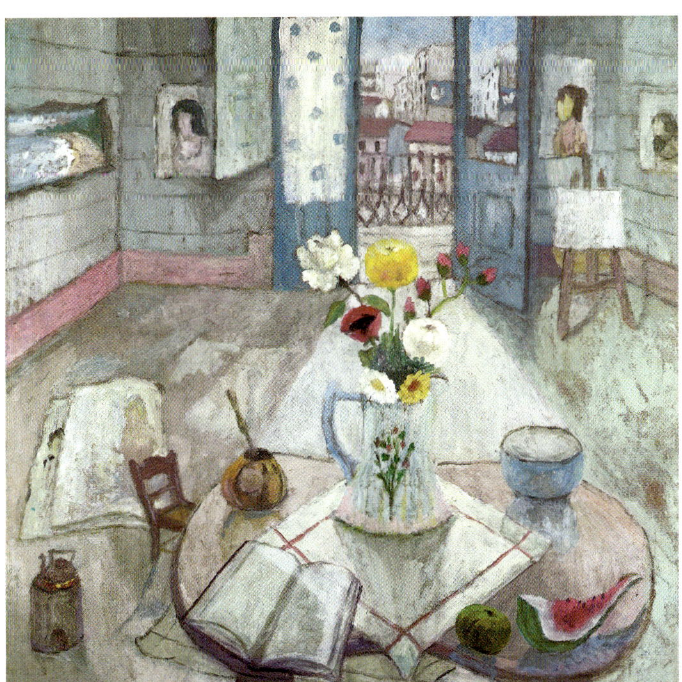

Interior con sandía
óleo sobre hardboard
100 x 100 cm

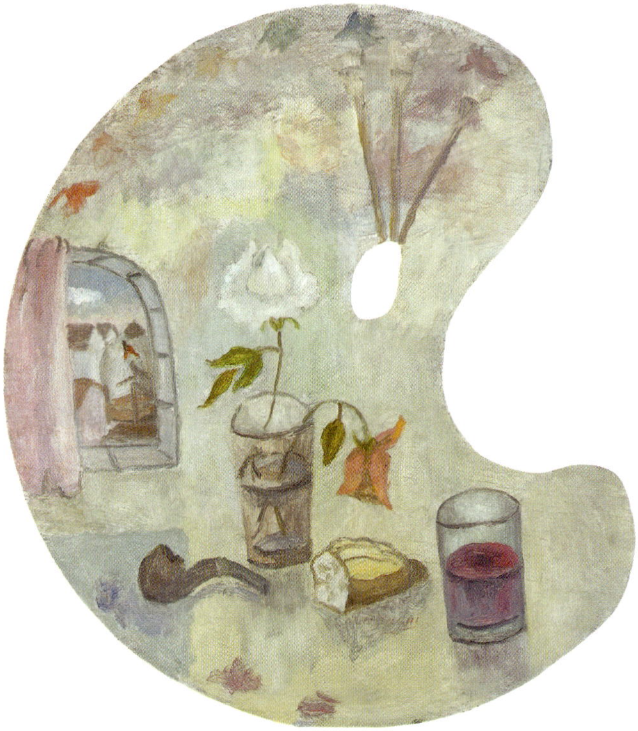

Paleta de pintor, 1979
óleo sobre madera
69 x 60 cm

Conversación con José Luis Menghi

Quiero demostrar que en el arte nunca se llega definitivamente a ningún lado. Siempre hay nuevos caminos que se abren para descubrir y para aprender. No me refiero a aprender de los grandes pintores sino de cualquiera, hasta de la vida más sencilla y anónima. Por eso, cada obra mía y aun el conjunto de mis cuadros son sólo un momento de algo que trasciende, una permanente búsqueda.

Nunca ensucié un color. Nunca puse un tono que no corresponde, pues me preocupa que cada color sea el mismo. Cuando voy por la calle y veo tantos colores sucios, me duele. Es lo que debe sentir un escritor cuando oye que las palabras son manoseadas...

–Siempre digo que la disyuntiva es de hierro: se hace plata o se hace arte...
–Usted eligió
–En esa época, y hasta hace no muchos años, nadie vendía ni medio cuadro. Estaban los muchachos del "Círculo boquense": Fortunato Lacámera, Miguel Carlos Victorica, Luis Ferrini, Miguel Diomede, Vicente Vento. Ninguno vendía ni se hacía la ilusión. Era un clima de mucha pobreza, pero de mayor riqueza espiritual. No se pintaba para vender y la máxima ambición era poder exponer en el Salón Nacional. Guardo de esos momentos el mismo placer: pintar por mí mismo y poder regalar mi obra a algún amigo. Porque lo demás es comercio, es cuestión de dinero. Nos encontrábamos, por ejemplo, con Facio Hebecquer, Arato y Riganelli, ¿quién de ellos iba a hablar de ganar dinero si estaban apasionados por las luchas sociales y el destino de los humildes? Ellos estaban más claramente en una línea de plástica social y nosotros, al fin y al cabo, también. Éramos obreros y no podíamos estar en otra cosa. Recuerdo que allá por los años '30 una comisión policial vino a mi taller porque uno del barrio, que era de la Liga Patriótica, me había denunciado de no sé qué cosa. El oficial que dirigía el procedimiento se sorprendió ante tantos libros y eso le resultó más sospechoso que nada. Hasta tal punto que su interrogatorio empezó así: "Siendo usted un obrero ¿para qué necesita leer?". Y se llevó un libro de tapas rojas: La lucha por la vida. *Su autor era Darwin. Uno, como artista, ¿cómo podía sustraerse a esa realidad? Imposible.*

Vicente Zito Lema, "Conversación con José Luis Menghi"
Crisis, Buenos Aires, julio de 1976, pp. 69-70.

Agradecimientos

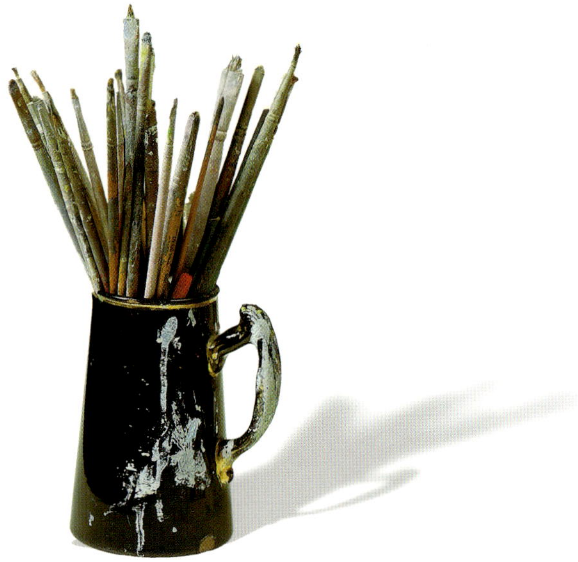

Edgardo Ezequiel Menghi
Alba Rosa Menghi
José Luis Menghi
Galería Hoy en el Arte
Colección Sanguis Artis
Paulo Edgardo Galinsky
Alejandro Caraduje
Francisco Traba
Gabriel Traba
Viviana Traba
Roque Menaglio
Antonio Requeni
Francisco Travieso
Eduardo Lorenzutti
Jorge Vázquez
Nelly Wheeler
Rubén Héctor Rodríguez Ponziolo
Salas Nacionales de Exposición
Secretaría de Cultura de la Nación
Agrupación de Gente de Arte y Letras Impulso
Museo de Bellas Artes de la Boca de Artistas Argentinos
"Benito Quinquela Martín"

Página 6: *Boca del Riachuelo*, diciembre de 1938.
En primer plano, el llamado *Vapor de la carrera*.
Foto Archivo Dirección de Construcciones Portuarias y Vías Navegables.

Indice

Otros títulos de esta editorial

Aquí y Ahora · Estela Pereda

El arte y las utopías · María de los Ángeles de Rueda (coord.)

El arte de la escultura · Herbert Read

Mediokilo · ImagenHB

retórica erótica · Liliana Lukin